KB189085

나_____는

100일 수행을 마치고 나면

_____이가(가)

된다

마가 스님의
100일 명상

허루 15분,
삶을 바꾸는 좋은 씨앗 심기

마
가
지
음

불광출판사

100일 후,
새로운 나를 만나다

세상이 뒤숭숭합니다.

코로나19에 갇혀 옴짝달싹 못 하는 우리의 모습에서 자승자박을 봅니다. 폭우와 가뭄, 온 세상이 불에 타는 듯한 무더위가 기승을 부립니다. 기후위기와 더불어 팬데믹(전 세계적인 감염병 유행), 4차 산업혁명, 인공지능(AI) 등 급격하게 변하는 외부 환경에 우리 삶도 불안합니다. 사회는 거칠어지고 개인의 심리적 고통 또한 점점 커집니다. 부처님이 우리 사는 세상을 '사바세계(娑婆世界, 고통을 참고 견뎌야 하는 세상)'라고 하신 까닭을 실감하는 요즘입니다.

《법화경》(〈비유품〉 제3)에 나오는 이야기입니다.

큰 기와집에 불이 났다. 아이들은 불이 난 줄도 모르고 집 안에서 놀고 있었다. 아버지는 집 안에 있는 아이들을 향해 큰소리로 외쳤다.

"얘들아, 집에 불이 났으니 어서 밖으로 나오너라."

그러나 놀이에 빠져 있던 아이들은 아버지의 고함을 듣지 못했다. 아버지는 이대로는 안 되겠다 싶어 한 가지 꾀를 냈다.

"너희들이 좋아하는 장난감을 밖에 놔두었으니 어서 나와 보아라. 양이 *끄*는 수레와 사슴이 *끄*는 수레 그리고 소가 *끄*는 수레가 여기 있다!"

그제야 아이들은 장난감이라는 말에 좋아하며 밖으로 나와 화를 면할 수 있었다. 아버지는 기뻐하며 아이들에게 커다란 흰소가 *끄*는 수레를 주었다. 온갖 보석으로 장식된 아름다운 수레였다.

불(火)은 탐욕과 성냄, 어리석음으로 인한 고통을 상징합니다. 우리는 집에 불이 난 줄도 모른 채 괴로움에서 헤어나오지 못합니다. 아버지가 바깥으로 나오라며 약속한 양과 사슴, 소가 *끄*는 수레는 '마음의 수행'입니다. 수행을 통해 괴로움에서 벗어나 지혜를 구하고, 그 지혜를 바탕으로 아름다운 수레(붓다가 되는 대자유)를 얻게 되는 것입니다. 이 책은 아름다운 수레를 많은 사람들과 함께 타고 가고 싶은 바람을 담아 쓴 것입니다. 나를 아프고 힘들게 하는 고통에서 벗어나 행복해지기 위한 '100일간의 마음 수행'입니다. 괴로움의 바탕에는 욕심과 무지가 깔려 있습니다. 세상 모든 것이 변한다는 '무상無相'을 모르는 우리는 욕구를 채우는 데 애를 씁니다. 이 욕심은 영원히 채울 수 없기에 괴롭고 힘든 것이지요. 우리는 이 무상의 가르침으로 드러난 '지혜'로써 삶을 돌보고, 이웃과 나누며 세상에 돌려주어야 합니다. 결국 나의 지혜로 세상을 이롭게 하는 데에 마음 수행의 근본 목적이 있습니다.

《나를 바꾸는 100일》(2016, 한겨레 휴)의 전면 개정판인 이 책은, 부처님의 가르침을 바탕으로 비대면 시대에 혼자서 수행할 수 있도록 하는 데 초점을 맞추었습니다. '오늘의 화두', '오늘의 명상', '붓다의 말', '미고사 일기' 등, 부처님이 깊은 선정에서 지혜를 구하셨듯이 명상에 더 집중할 수 있도록 구성하고, 주옥같은 경전 구절과 스승의 말을 빌려와 마음을 돌아보도록 했습니다.

명상은 '지금 이 순간'을 바로 보도록 합니다. 지금 이 순간은 과거 그리고 미래와도 연결되어 있는 시간입니다. 지금 이 순간 깨어, 내가 무엇을 하고 있는지 알고 있다면 바른 마음으로 최선의 삶을 살아갈 수 있습니다.

아기의 100일, 소원을 이루기 위한 백일기도, 약 100일 간 수행에 매진하는 불교의 하안거와 동안거 등, 100일은 우리 삶에서 큰 의미를 가지는 기간입니다. 100일 이후의 삶은 좋아질 것이라는 기대와 희망이 있기 때문입니다. 100일은 뭔가를 이루기 위해 꼭 필요한 정성의 시간입니다. 하루 15분씩 명상하며 '지금 이 순간 깨어 있음'을 연습하면, 100일 후 나의 삶은 많이 달라져 있을 것입니다. 100일

동안 꾸준히, 아침에는 마음을 채우고 저녁에는 마음을 비우다 보면 하루하루를 온전히 누리는 나 자신을 만날 수 있습니다.

그간의 공부와 수행, 현장에서의 체험을 갈무리하여 이 책을 쓰는 내내 '이번 생에 꼭 해야 할 일을 하는구나!' 하고 뿌듯했습니다. 부족하지만, 나 자신과 타인에게 기쁨과 행복을 만들어주는 작은 기회로 다가가기를 바랍니다.

특별히 책의 끝에 '마음 레시피'를 올렸습니다. 몸에 좋은 음식을 먹듯, 좋은 마음을 먹어야 함을 기억합시다!

모든 생명의
평화와 안락을
기원합니다.

|

2021년 8월 10일
안성 굴암사 약사여래마애불 앞에서

마가 두 손 모음

기도는 어떻게
이루어지는가

1

기도와 수행은 하나이다

"스님, 기도하면 정말 이루어집니까?"

"스님, 기도 잘하는 방법 좀 가르쳐 주세요."

"스님, 제 기도는 왜 이뤄지지 않죠? 어떻게 하면 되나요?"

많은 분이 나에게 이렇게 묻습니다. 그런데 한결같이 기도의 방법과 응답을 궁금해하면서도 정작 우리가 왜 기도를 하고, 기도가 끝난 다음에는 어떻게 해야 하는지는 별 관심을 두지 않습니다.

우리는 왜 기도를 할까요? 가장 큰 이유는 지금 처한 현실을 바꾸고 싶기 때문입니다. 누구나 힘들고 아프고 괴로운 상황에 부닥치면 하루빨리 벗어나고 싶어 합니다. 내 힘으로 해결할 수 없을 때는 기도를 합니다. 병을 낫게 해달라고, 아이가 좋은 학교에 가게 해달라고, 시험에 꼭 붙게 해달라고, 좋은 사람 만나게 해달라고 하는 등 원하는 바를 이뤄 달라고 기도합니다.

불교에서 말하는 기도는 무언가를 채우기 위함이 아니라 지혜를 닦는 수행입니다. 내 마음의 모든 것을 비우고 일체가 무상無常함을 깨닫는 순간에 드러나는 지혜와 자비로 세상을 다시 환하게 밝히겠다는 깨달음의 방편이지요. 이렇듯 수행 방편으로서의 기도는 현실에서 무언가를 구하는 기도와 다르게 보이지만, 크게 보면 같습니다. 원하는 것을 구하는 기도의 끝도 종국에는 수행으로서의 기도와 같아지기 때문입니다.

기도의 메커니즘mechanism으로 살펴볼까요. 기도가 간절해지고 깊어질수록 마음은 가라앉고 고요해집니다. 바깥으로 뻗치던 정신이 내면으로 집중하기 때문입니다. 마치 포도주가 숙성되면서 거친 부유물이 가라앉고 투명한 보랏빛 액체만 남는 것과 같습니다. 갈등과 욕심, 슬픔, 고통 등 온갖 번뇌가 사라지고, 본래 고요하고 본래 깨끗하고 본래 텅 비어 있던 자리가 드러납니다. 그 자리와 내가 하나가 되면서, 그전까지 보지 못하던 것들을 인식하고 느끼게 됩니다. 지혜가 드러나는 것이지요.

무언가를 이뤄달라는 기도 역시 기도가 잘 이루어지면 자연스럽게 이 단계에 이릅니다. 우리는 어디에도 기댈 수 없을 만큼 절망적인 상황에 맞닥뜨리면 기도를 하게 됩니다. 처음에는 너무 고통스러워서 '아이고 부처님 살려주세요' 하는 소리가 절로 나오지만, 기도가 계속될수록 절박함은 잦아들고 기도 그 자체에 오롯이 집중하게 됩니다. 차츰 나를 힘들게 한 고통에 조금은 너그러워지고 덜 아프게 느껴집니다. 있는 그대로를 받아들였기 때문입니다.

심신이 안정되면 지금 나의 상황을 이전과는 다르게 보게 됩니다. 문제로만 여겼던 일도 더는 문제가 아니게 되지요. 간절히 바라던 소원은 '부처님 뜻대로 해주십시오'로 바뀝니다. 나를 힘들게 하는 일에 대해 기다릴 줄 아는 여유도 생깁니다. 마음이 안정되니 주위 사람을 부드럽게 대하게 되어 불편했던 인간관계도 편해집니다. 나아가 나와 같은 세상을 살아가는 사람들에게 연민의 마음이 일어납니다. '당신도 나처럼 힘들게 살고 있구나. 나와 비슷한 고민을 하며 살아가는구나' 하는 마음이지요. 이렇듯 기도가 제대로 이뤄지면 세상과 나, 사물과 나, 사람과 나, 이런 다양한 관계들이 부드러워지고, 삶을 풀어갈 해법이 한 개가 아니라 여러 개로 확장됩니다. 기도하면 이뤄지는 '기도의 원리'가 바로 이것입니다.

'이것을 이루게 해달라'는 바람들, 내가 이것이라고 고집했던 삶의 해법에서 자유로워지는 순간, 기도는 수행의 자리로 옮겨 갑니다. 본래 고요하고 본래 깨끗하고 본래 텅 비어 있던 마음자리를 확인하면서, '나'에 대한 집착에서 벗어나 순수한 기도로 나아가는 것입니다. 내 욕심을 채우기 위한, '나'를 위한 기도가 아니라 모두를 위한 기도, 그 자비심이 결국 나를 포함한 세상 모든 이들을 위한 기도가 됨을 깨닫는 수행의 자리가 되는 것입니다.

기도는 참으로 신비합니다. 내가 원하는 무언가를 기도를 통해 반드시 구할 수는 없더라도, '나'는 분명히 변화되기 때문입니다. 그 변화가 궁금하지 않습니까?

2

기도의 씨앗

불교의 수행은 마음을 맑고 깨끗이 하여 일체가 하나임을 아는 것입니다. 기도는 지난날에 내가 알게 모르게 지은 좋지 않은 업業을 참회하고 없애며, 현재의 자기 자신을 바르게 봄으로써 부처님의 가르침을 되새기고 올바른 삶을 살아가기 위한 중요한 의식입니다. 지금 내가 겪고 있는 이 고통이 어디에서 일어났는지 그 원인과 과정을 돌아보고, 나와 연결된 모든 인연에 대해 자신의 잘못을 참회하며 자비의 마음을 일으키게 하는 것이 기도입니다.

　기도를 통해서 탐(탐욕), 진(성냄), 치(어리석음)를 알아차리는 지혜가 생겨나고 원인과 결과의 인연법을 알게 되면 자연스럽게 좋은 생각, 좋은 말, 좋은 행동을 할 수 있는 힘이 생깁니다. 이처럼 우리가 기도를 하는 이유는 가장 중심이 되는 나를 변화시키고 바꾸려는 데 있습니다.

　"지혜 있는 사람은 서둘거나 굽히지 않고 조용히 서서히 꾸준히 노력한다. 쇠를 다루는 대장장이처럼 자기 마음의 때를 씻어 벗긴다."

《법구경》에 담긴 부처님 말씀입니다. 서둘지 않고 굽힘 없는, 꾸준한 노력이 바로 기도입니다. 기도를 통해서 우리는 진정으로 자신을 마주하고 참회와 발원의 시간을 갖게 됩니다.

무언가를 이루기 위해서는 씨앗을 심어야 합니다. 행복의 열매를 맺으려면 행복의 씨앗을 심고, 깨달음의 열매를 맺으려면 깨달음의 씨앗을 심어야 합니다. 기도는 온 마음을 다하여 씨앗을 심는 실천의 행行입니다. 기도를 통한 깨달음의 열매를 거두려면 5가지 씨앗을 뿌려야 합니다. 출리심出離心, 보리심菩提心, 자비심慈悲心, 알아차림, 서원 세우기입니다.

① 출리심 : 고통에서 벗어나겠다는 마음, 윤회를 끊어내겠다는 결심이다. 일상에서 윤회를 끊겠다는 것은 전생, 내생의 개념보다는 '지금의 괴로운 나'는 그동안의 나의 생각과 말, 행동으로 만들어진 것이므로, 수행을 통해 현재의 고통스러운 삶에서 벗어나겠다는 뜻이다. 수행과 기도는 모두 출리심에서 출발한다.

② 자비심 : 나와 타인을 포함한 모든 존재가 윤회의 고통에서 벗어나기를 바라는 마음. 내가 고통스러울 때 다른 이들도 나처럼 고통을 겪는구나, 공감하게 되는데 진정한 자비심은 여기서 나온다. 나의 고통과 슬픔을 진정으로 받아들이면 타인의 고통에 눈을 뜨게 된다.

③ 보리심 : 자비심의 토대. 타인의 고통을 공감하는 것에 머물지 않고 행으로써 실천하는 것이다. 나와 타인을 포함한 모든 존재가 윤회의 고통에서 벗어나기 위해 내가 부처가 되어 돕겠다는 마음이다.

④ 알아차림 : 내 마음 안에 출리심과 자비심, 보리심이 있는지 없는지, 큰지 작은지 매 순간 살펴보는 마음이다. 마음은 잠시도 가만있지 않고 욕망을 따라 일어났다 사라지기를 반복한다. 바깥으로 돌아다니는 마음을 알아차림 하여 출리심과 자비심과 보리심으로 다시 되돌린다.

④ 서원 세우기 : 출리심과 자비심과 보리심을 내며 살겠다고 결심하고, 그러한 씨앗을 심는 것이다. 불교에서 서원은 나를 위한 다짐이 아니라 철저하게 타인을 위한 마음을 가리키며, 그 원이 이루어질 때까지 간절한 마음과 정성으로 행하는 것을 포함한다.

깨달음과 행복, 지혜는 이처럼 다섯 가지 마음을 조화롭게 갈고 닦는 씨앗을 심을 때 비로소 열매를 거둘 수 있습니다. 틱낫한 스님은 "기도를 가능하게 하는 것은 믿음, 자비, 사랑이며, 이 에너지가 없는 기도는 전류가 흐르지 않는 전화선을 통해 전화를 거는 것과 같다"고 말했습니다.

3

누가 기도를 이뤄주는가?

우리는 부처님이 모든 것을 들어주실 것처럼 기도합니다. 기도 내
용도 다양합니다. "돈을 많이 벌게 해주십시오." "시험에 합격하게
해주십시오." "병을 낫게 해주세요." "남편이 가정에 충실하게 해주
십시오." 등. 그러면 부처님이 내 지갑에 돈을 두둑이 넣어주시고,
시험 합격증을 주시고, 씻은 듯이 병을 낫게 해주시고, 나에게 헌신
하는 남편으로 바꿔주실까요? 흔히 하는 말로 복권에 당첨되고 싶
다면 먼저 복권부터 사야 합니다. 어떤 노력도 하지 않는 이들에게
부처님은 아무것도 이뤄주지 않습니다.

부처님은 바로 '법法', '다르마Dharma' 그 자체입니다. 법은 세상이 움
직이는 이치, 진리를 말합니다. 고타마 싯다르타가 깨달은 법의 이
치는 연기緣起입니다. 이것이 있으면 저것이 있고, 저것이 있으면 이
것이 있다는 것입니다. 씨앗을 심어야 싹이 트고 겨울이 지나야 봄
이 오고 부모가 있기에 내가 있는 것입니다. 그냥 저절로 나고 일어
나고 사라지는 것은 없습니다. 모든 것이 서로를 의지하며 생멸합
니다.

    내가 처해 있는 상황을 바꾸고 싶고 원하는 것을 이루고 싶을

때 가장 먼저 변화되어야 할 사람은 나 자신입니다. 상황과 환경을 탓하고 자기의 그릇보다 넘치는 것을 바라고 구하는 기도가 아닌, 자기 자신과 처한 상황을 지혜롭고 자비롭게 바꾸어가는 기도를 해야 합니다.

기도는 자기 자신을 위한 기도에서 시작하지만, 점차 내 주변으로 기도의 대상과 범위를 넓혀가야 합니다. 먼저 자신의 말과 생각, 행동을 바르게 하는 기도를 합니다. 자신이 변화되어야 비로소 나를 둘러싼 환경과 상황을 받아들이고 그에 따른 지혜가 생기기 때문입니다. 나 자신의 내면의 빛을 밝히는 것이 바로 기도입니다. 내가 밝아지면 자연스럽게 주변으로 그 빛이 퍼져나가고 나와 너가 하나임을 느끼게 되는 것이지요.

석가모니 부처님이 아난다의 청을 듣고 설하신 마지막 가르침이 전해옵니다. 부처님이 병에 걸리셨을 때 아난이 청한 설법에 부처님은 이렇게 답하셨습니다.

"자등명自燈明 법등명法燈明. 저마다 자신을 등불로 삼아야 한다. 또 바른 가르침을 수단으로 삼아야 한다. 이밖에 다른 것에 의지해서는 안 된다."

내 마음의 중심을 잡고, 오직 나 자신과 부처님 법에 의지해서 기도하고 수행해야 함을 뜻합니다. 그런 의미에서 기도는 나에게 향하는 다짐이자, 근본적으로 내 마음의 힘에서 이루어지는 것입니다.

4

기도는 어떻게 해야 할까?

기도는 매일매일 꾸준하게 하는 것이 중요합니다. 기도는 마음을 깨끗하게 청소하고 정돈하는 것과 같습니다. 기존의 습관과 고집대로 생각하고 말하고 행동하던 모습을 알아차리고 참회하며 바른 마음가짐을 세우는 것이 기도입니다. 집 안 청소를 매일 하지 않으면 먼지와 쓰레기가 쌓여 어지럽혀지듯 기도는 매일매일 자신을 돌보는 행으로써 실천해야 합니다.

> "마음은 용감하게, 생각은 신중히, 행동은 깨끗하고 조심스럽게 하고, 스스로 자제하여 법에 따라서 살며, 부지런히 정진하는 사람은 영원히 깨어 있는 사람이다."

《법구경》에 전해지는 부처님 말씀입니다. 우리는 법에 의지하여 수행하는 수행자입니다. 그래서 늘 자신을 살피며 자기 생각, 말, 행동을 바르게 하는 수행이 필요하지요. 불자로서 지켜야 할 오계와 삼귀의 그리고 부처님 법을 실천하는 사성제와 팔정도가 생활 속에서 매일 매일 기도와 함께 행해질 때 기도의 진정한 목적이 성취된다고 할 수 있습니다.

그런데 무엇을 이루어 달라는 소원 기도는 자칫 더 큰 집착을 불러오므로 조심해야 합니다. 기도하는 내내 나의 소원에만 빠져 있으면 기도는 더 나아가지 않습니다. 소원 성취에 대한 집착은 조바심을 내게 하고, 내 뜻대로 되지 않으면 남을 탓하는 원망의 마음만 더욱 커지게 됩니다. 원망의 마음이 찜찜하게 남아 있는 기도는 아무것도 이룰 수가 없습니다.

기도는 모든 것을 내려놓는 마음에서 시작해야 합니다. 앞으로 나에게 어떤 일이 다가오더라도 모두 받아들이겠다는 내려놓음이 기도의 시작입니다.

기도에는 다양한 방법이 있습니다. 자신의 기질과 생활 태도에 적합한 것을 찾아서 꾸준하게 실천하는 것이 좋습니다. 염불 기도, 사경 기도, 절 기도, 참선 기도, 명상 등의 기도법이 있지요.

중요한 것은 무엇을 위해 기도하는지 서원을 세우는 것입니다. 내가 이루고자 하는 바는 물론 기도를 통해 변화되고 바뀌기를 바라는 서원을 함께 적습니다. 또 기도를 어떻게 회향할 것인가에 대한 다짐을 함께 적어야 합니다. 기도를 통하여 작은 공덕이라도 나누겠다는 회향의 마음은 어떤 기도를 하더라도 누구나 지녀야 하는 중요한 태도입니다.

이렇게 서원문을 완성한 다음에는 내가 선택한 기도법에 집중하는 것입니다. 내가 이루고자 하는 소원에 집착하지 말고 사경, 염불, 독송, 108배 등 내가 선택한 기도 수행법에 오롯이 마음을 다하는 것입니다.

5

기도가 끝난 뒤에는 무엇을 해야 하나?

기도는 단순히 입으로 염불하고, 손으로 사경하고, 앉아서 명상하는 데서 끝나지 않습니다. 진정한 기도는 기도를 마친 뒤 원하는 바를 성취한 다음에 시작됩니다. 기도가 씨앗을 심는 행위였다면 진정한 열매를 맺기 위해서는 씨앗을 싹 틔우고 돌보는 노력이 필요한 것이지요. 원하는 것을 이뤄달라는 기도는 복을 달라고 하는 것과 같습니다. 복은 그냥 받을 수 없습니다. 바르게 생각하고 바른 행동을 하고, 공덕을 쌓아야 비로소 받을 수 있습니다.

즉 "부처님, 제게 복을 많이 주십시오"가 아니라 "부처님, 제가 복을 많이 받기 위해서 지금부터 ㅇㅇㅇ을 실천하겠습니다"라고 해야 합니다. 복을 받기 위해 복을 지어야 하는 것입니다. 기도의 끝이 자연스럽게 보시, 공덕으로 이어져야 하는 이유입니다. 보시와 공덕은 삼독(욕심, 성냄, 어리석음)에서 벗어나는 최고의 수행입니다. 공덕에 대한 부처님 말씀입니다.

"선행을 하면 두 곳에서 기뻐하니 이 세상에서도 기뻐하고 저 세상에서도 기뻐한다. 자신의 업의 청정함을 보고 기뻐하고 환희한다. 선행을 하면 두 곳에서 즐거워하니 이 세상에서도 즐거워하고 저 세상에서도 즐거워한다. '내가 선을 지었다'고 환호하고 좋은 곳으로 가서 한층 더 환희한다."

(-《법구경》)

"마치 하나의 횃불로써 수십만 사람들이 제각기 횃불에 불을 붙여가서 음식을 짓거나 등불을 켜더라도 그 하나인 근본 횃불은 조금도 손상이 없는 것과 같이, 보시의 복도 그와 같이 다함이 없다."

(-《사십이장경》)

"마음이 법法에 머물러 보시하는 것은 마치 어두운 데서 아무것도 보지 못하는 것과 같다. 마음이 법에 머물지 않고 보시하는 것은 마치 밝은 햇빛 아래에서 온갖 사물을 바로 볼 수 있는 것과 같다."

(-《금강경》)

이처럼 기도가 끝난 뒤에는 나의 습관을 살펴서 알아차림 하고 생각과 말과 행동으로 좋은 습관을 이어갈 수 있도록 노력하며, 주변에 나누고 보시하는 공덕의 수행이 필요합니다. 기도를 통하여 자신의 마음속에 밝은 등불을 밝혔다면, 내 주변으로 그 등불을 나누는 실천행이 우리가 가야 할 수행의 길입니다.

나에게 맞는
수행법은
무엇인가

1

부처님 수행법의 이해

진정한 기도는 수행으로 이어집니다. 수행의 목적은 삶의 고통에서 벗어나는 데 있지요. 일상에서 우리를 힘들게 하는 괴로움은 모두 태어나고 늙고 병들고 죽는, 생로병사에서 비롯됩니다. 이 생로병사의 괴로움이 왜 일어나고, 어떻게 하면 벗어날 수 있는지를 알기 위해 고타마 싯다르타는 모든 것을 버리고 왕궁을 나왔습니다.

싯다르타는 많은 스승을 만나 토론했고, 당시 성행하던 여러 수행법으로 진리를 깨달으려고 했습니다. 하루 한 방울의 죽을 먹고 호흡을 멈추는 등 6년간의 극단적 고행에도 완전한 깨달음에 이르지 못했습니다.

고행을 멈춘 싯다르타는 몸을 씻고 우유죽을 먹은 뒤, 보리수나무 아래 앉아 몸과 마음이 편안한 상태에서 명상에 듭니다. 그리고 마침내 인간의 근원적 괴로움을 해결하는 진리를 깨달았습니다. 깊은 선정에 들어 깨달은 진리란 이 세상에 '나'라는 실체는 없으며 모든 만물이 하나로 연결되어 있다는 것입니다. 바로 '무아'와 '연기'입니다. 무아와 연기의 진리를 깨달으면 자연스럽게 '자비'로 이어집니다. 이 진리를 모르는 우리는 '나'라는 상相에 집착해 온갖 번뇌를 일으키며 괴로움에 시달리며 살다 죽는 것입니다. 그러면 어떻게

해야 이 진리를 깨달을 수 있을까요? 부처님은 깨달음 뒤 녹야원鹿
野苑에서 다섯 비구에게 최초로 팔정도를 설하셨고, 45년 동안 열반
에 드실 때까지 팔정도를 몸소 실천하셨습니다. "원하든 원하지 않
든 팔정도를 따르면 깨달음에 이른다"고 하셨습니다. '나'의 실체 없
음을 알고 괴로움에서 벗어나는 법이 바로 사성제와 팔정도입니다.

사성제

- **고성제** 무엇이 괴로움인가. 고苦란 생로병사를 말한다. 태어
나고 늙고 병들어 죽는 모든 것이 고통이다. 미운 사람을 만
나서 괴롭고, 사랑하는 사람과 이별해서 슬프고, 가지고 싶은
것을 못 가져서 괴롭다.
- **집성제** 괴로움의 원인은 무엇인가. 괴로움의 원인은 '나'에 대
한 갈애와 집착이다.
- **멸성제** 괴로움에서 어떻게 벗어날 수 있는가. 이것이 있으므
로 저것이 있고 이것이 멸하므로 저것이 멸한다. 괴로움의 원
인을 없애면 괴로움은 소멸된다.
- **도성제** 괴로움을 없애는 방법은 무엇인가. 집착과 갈애를 완
전히 뿌리 뽑기 위한 8가지 방법이 있다. 바로 팔정도이다.

팔정도

- **정견正見(바른 견해)** : 바르게 볼 줄 아는 것이다. 바른 견해로
써 사물이나 현상을 보고 참과 거짓을 판단한다. 우리 삶의
방향성을 결정한다.
- **정사유正思惟(바른 생각)** 바른 견해에서 바른 생각과 바른 의지

가 나온다. 바른 생각은 바른 말과 바른 행동의 바탕이 된다.

- **정어正語(바른 말)** 거짓말이나 나쁜 말, 거친 말, 남을 속이고 이간질하는 말을 하지 않고 진실된 말, 다른 사람에게 유익한 말을 한다.
- **정업正業(바른 행위)** 살생하지 않고, 훔치지 않고, 음행하지 않는 것으로 이는 모든 생명에게 해를 끼치지 않는 행동을 말한다.
- **정명正命(바른 생활)** 바른 직업을 가지고 바르게 생활하는 것. 잠자고 밥 먹고 일하고 휴식하는 등 모든 일상을 바르게 해 나가는 것이다.
- **정정진正精進(바른 정진)** 용기를 가지고 바르게 노력하는 것. 나쁜 마음이 일어나지 않게 하고, 그런 마음이 일어났다면 없애는 것, 선한 마음을 일으키도록 노력하는 것을 말한다.
- **정념正念(바른 마음챙김)** 모든 현상을 있는 그대로 관찰하는 것. 무상(無常, 모든 것은 영원하지 않고 변화한다)와 무아(無我, '나'라는 실체가 없음)을 잊지 않는다.
- **정정正定(바른 집중)** 마음을 한 곳에 집중하여 평정(선정)에 이른다. 선정은 텅 비어 생멸이 없는, 무념무상의 자리로, 여기에서 지혜가 나온다.

이중에서 '정정正定'은 팔정도의 가장 중심이라고 할 수 있습니다. 바른 집중에서 일어난 지혜가 바른 견해, 바른 생각, 바른 말, 바른 행동, 바른 생활 등으로 이어지는 것입니다. 바른 집중은 단순하게 정리하면, '분별하지 않지 않고 있는 그대로 관찰하는' 것입니다. 부처님은 이를 위해 사념처四念處 수행을 말씀하셨습니다. "중생을 깨끗하게 하고, 걱정과 두려움에서 제도하며, 고뇌를 없애고 슬픔을 끊고, 바른 법을 얻게 하는 도道가 있으니, 곧 사념처이니라." (-《중아함경》) 사념이란, 몸[身], 느낌[覺], 마음[心], 법法에 마음을 집중하여 관찰하는 것입니다.

초기불교의 사념처 수행이 동아시아 대승불교로 넘어오면서 절, 간경, 진언, 염불, 호흡 수행, 위빠사나, 화두(간화선)으로 다양하게 변화된 것입니다. 절을 하고 경을 읽고 진언을 외우고 부처님의 명호를 부르는 그 행위에만 오롯이 집중하면서, 온갖 번뇌와 망상을 내려놓으며 일심一心으로 들어가는 것입니다.

이처럼 생각을 내려놓는 수행을 '지[止, 정定]', 있는 그대로 관찰하는 수행을 '관[觀, 혜慧]'이라 하는데, 정혜쌍수의 수행을 말합니다. 정혜쌍수를 통해 우리는 무아와 연기, 자비를 깨닫게 됩니다. '멈추면 비로소 보이는 것들'이 바로 이런 의미입니다.

초기불교와 대승불교의 다양한 수행법이 전해지지만, 어느 것의 우위를 따질 수는 없습니다. 다만 인삼이 명약이지만 누군가에게는 좋은 약효를 발휘하지 않듯이, 어떤 사람에게는 좋은 수행이 나와는 맞지 않을 수도 있습니다. 나만의 수행법을 찾는 것이 중요합니다. 먼저 수행과 기도의 본래 목적, 그리고 그 원리를 이해한 뒤 나의 생활 환경과 일상의 습관을 살펴보고 나에게 맞는 수행법을 찾아보십시오.

1유형 • ## 부정관

썩어가는 시신을 보며 무상無常을 깨닫는 관법. 모
든 것은 영원하지 않으므로 탐욕을 버리라는 것.
탐심이 많은 사람을 위한 수행법.

2유형 • ## 자비관

모든 대상을 대할 때 고통을 덜어주고 행복하길
바라는 마음으로 바라보며 감정을 다스리는 것.
성내는 사람을 위한 수행법.

3유형 • ## 수식관

호흡은 몸과 마음이 밀접하게 연결되어 있음을
보여준다. 불안한 마음을 편안히 하고 집중시키
기 위해 들숨과 날숨을 헤아리는 수행법.

4유형 • ## 계분별관

내 몸과 마음에 일어나는 모든 것이 일시적으로
왔다가 사라지는 것임을 항상 살피고 알아차린다.
집착하는 사람을 위한 수행법.

5유형 • ## 인연관

우주 만물과 인간에게 일어나는 모든 현상은 연
기(인연)하여 일어남을 관찰하는 수행법. 지혜로
운 마음을 기를 수 있다.

6유형 ● **염불**

부처님을 간절히 생각하고 부처님 명호를 외우면서, '나'라는 실체가 없음을 깨닫고 공空으로 들어가는 수행법.

7유형 ● **간경**

부처님 경전을 읽으며 바른 믿음, 바른 앎과 깨달음을 구하는 수행법. 경전에 담긴 부처님의 가르침을 자기화하는 수행이다.

8유형 ● **사경**

부처님 말씀을 옮겨 쓰고 마음에 새김으로써 부처님의 가르침을 따르는 수행이다. 시끄러운 마음을 가라앉히고 맑게 해준다.

9유형 ● **걷기 명상**

의식적으로 걷기를 하며 내 몸이 어떻게 변화되는지 감각을 알아차리는 수행법. 매 순간 알아차림 하여 깨어 있음을 기른다.

10유형 ● **보시 수행**

연민의 마음으로 모든 것들에 베푸는 수행. 탐욕을 없애주는 방편으로, 초기불교에서 공덕을 쌓는 중요한 수행법으로 여겼다.

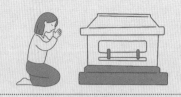

부정관

부정관不淨觀은 마음의 탐욕을 다스리는 명상법입니다. 부처님은 몸의 더러움을 아주 중요한 명상의 주제로 제시하셨습니다. 《장아함경長阿含經》에는 이를 '머리에서 발끝까지 똥, 오줌, 땀 등이 흘러내리고 냄새나는 것으로 가득 차 탐낼 것이 하나도 없다고 관하라'라고 설명합니다.

　인간은 항상 아름답고 좋은 것만 보려고 하고 추하고 미운 것은 외면하려는 성향을 가지고 있습니다. 부정관은 이러한 인간의 성향을 꿰뚫어 보고 좋고 싫음에 대한 집착에서 자유로워지는 수행입니다.

　시신을 떠올리는 것이 부담스러우면 꽃과 채소, 과일 등이 썩어 사라지는 과정을 상상해보는 것도 부정관을 대신하는 방법입니다. 싱싱한 채소가 점점 시들고 말라가면서 이지러지고 마침내 본래 모습이 조금도 남지 않은 모습을 상상하며 우리 안의 욕심을 털어내도록 합니다.

시간의 흐름에 따라 변화하는 시신의 모습을 생각해보십시오. 하루, 이틀, 일주일, 한 달, 1년 후 시신은 어떻게 변해있을까요.
하루 2~3분 정도 시간을 정하여 인간의 몸의 아름다움과 추함을 있는 그대로 관찰하는 것을 명상의 주제로 삼으십시오. 꽃이나 채소 등 식물의 생멸을 그려보는 것도 좋습니다.

자비관

자비관慈悲觀은 마음의 지나친 분노를 다스리는 명상법입니다. 평소에 자비관을 꾸준히 수행하면 화가 나는 빈도와 강도가 줄어들며, 다스리기 힘든 분노가 일어날 때도 예전보다 한결 쉽게 받아들일 수 있습니다.

사무량심 기도문
모든 존재들이 행복하기를 바랍니다.
더하여 행복의 인연을 짓기를 바랍니다.
모든 존재들이 괴로움에서 벗어나기를 바랍니다.
더하여 괴로움의 인연을 짓지 않기를 바랍니다.
모든 존재들이 고통을 넘어 행복에 이르기를 바랍니다.
더하여 다시는 행복에서 멀어지지 않기를 바랍니다.
모든 존재들이 좋은 것은 가까이하고
싫은 것은 멀리하려는 마음에서 벗어나
오로지 평등심에 머물기를 바랍니다.

하루에 한 번 3분 이상 시간을 정하여 〈사무량심 기도문〉을 독송하며 나 자신, 주변의 사랑하는 가족과 이웃, 살아있는 모든 것에 자비의 마음을 보냅니다.

수식관

수식관數息觀은 호흡의 수를 세어 어지러운 마음을 차분하게 가라앉히는 명상법입니다. 석가모니 부처님도 직접 하시던 명상법으로, 있는 그대로 의 호흡을 관찰하는 것입니다. 《대념처경》에서 부처님은 들숨 날숨에 대 해 이렇게 설명하셨습니다.

"비구는 마음 챙김으로 숨을 들이쉬고 마음 챙김으로 숨을 내쉰다. 길게 들이쉬면서 '길게 들이쉰다'라고 꿰뚫어 알고, 길게 내쉬면서 '길게 내쉰 다'라고 꿰뚫어 안다. 짧게 들이쉬면서 '짧게 들이쉰다'라고 꿰뚫어 알고, 짧게 내쉬면서 '짧게 내쉰다'라고 꿰뚫어 안다."

평소에 수식관을 꾸준히 하면 일상에서 어려운 일이 생겨도 마음이 크게 요동치지 않고 한결 쉽게 차분해지는 것을 느낄 수 있습니다.

하루에 한 번 3분 이상 시간을 정하여 호흡을 가다듬고 차분히 들이쉬고 내쉬 는 숨의 수를 세봅니다.

"숨을 들이쉬며 하나, 숨을 내쉬며 둘, 숨을 들이쉬며 셋… 숨을 내쉬며 열, (다시 거꾸로) 숨을 들이쉬며 아홉, 숨을 내쉬며 여덟… 숨을 들이쉬며 하나, 숨을 내쉬 며 영(0)…(다시 반복) 숨을 들이쉬며 하나… 둘…"

어느 정도 익숙해지고 집중력이 올라가면, 숨을 들이쉬고 내쉴 때 코로 들어오 는 바람, 들어가고 나오는 배를 잘 살펴보며 온몸과 정성을 다해 숨을 들이쉬 고 내쉬어봅니다. 그러다 나도 모르게 깊이 몰입되면 번뇌와 망상이 멀어지고 고요해지고 평안함에 머물 수 있습니다.

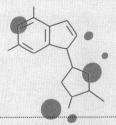

나만의 수행법 유형 4
계분별관

계분별관界分別觀은 내 몸과 마음에 일어나는 모든 것이 일시적으로 왔다가 가는 것, 즉 무상無常임을 항상 살피고 알아차리는 수행법입니다. 모든 고통은 '나'와 '내 것'이 영원하고 독립적이며 불변하는 실체로서 존재한다고 믿고 고집하는 데에서 출발하지요. 하지만 스스로 깊고 고요히 생각해보면 독립적이며 불변하는 '나'라는 자아의 실체는 찾을 수 없습니다. 태양이나 공기 또는 어머니가 없으면 내가 존재할 수 없듯이 '나'는 내가 아닌 요소로 이루어져 있습니다. 나와 내가 아닌 요소는 상호의존의 관계 속에서만 존재할 수 있습니다.

자신에게 집착하여 나와 남을 분별하는 힘이 강한 사람은 계분별관을 통해 마음의 평화를 얻을 수 있습니다. 현상으로 나타난 모든 것은 영원히 존재하지 않습니다. 관찰하고 알아차림 하다 보면 내가 집착하던 사건이나 자아에서 한 걸음 떨어져 일체 현상을 객관화할 수 있습니다.

하루에 한 번 3분 이상 시간을 정하여 내가 나라고 고집하고 비교하던 것들을 떠올려 봅니다. "나는 반드시 ~을 해야만 해.", "나는 절대 ~을 하면 안 돼"라고 붙들려 나 자신을 힘들게 했던 생각에 대해 통찰해봅니다. 그것이 과연 진짜 내가 평소에 품고 있던 생각인지, 아니면 잠시 어떤 조건에 의해 굳어진 생각인지 깊게 살펴보십시오. 자신에 대한 이해가 깊어지면 생각이 유연해집니다. 그러면 나를 편안하게 놓아주세요.

인연관

인연관因緣觀은 어리석음에서 벗어날 수 있도록 도와주는 수행입니다. '인'이란 그 결과를 가져다주는 핵심적인 원인이고, '연'이란 인을 도와주는 부차적인 원인을 말합니다. '콩 심은 데 콩 나고 팥 심은 데 팥 난다'라는 속담이 있듯이 우리는 자신이 뿌린 씨앗에 해당하는 열매를 받게 되어 있습니다.

　　인연관을 통해 우리는 지금의 결과를 낳은 자신의 말, 행동, 생각을 살필 수 있습니다. 나에게 온 것은 모두 나에게서 나온 것임을 알고 '받아들임'이 되는 것이지요. 또한 앞으로 내가 어떤 씨앗을 뿌릴 것인가를 생각하게 됩니다. 어떤 인연을 맺을 것인지는 모두 자신에게 달려 있습니다. 그 인연의 고리가 자신에게 돌아옴을 아는 사람들은 자신의 인연을 좀 더 소중하게 이어갑니다.

⌒

하루에 한 번 3분 이상 시간을 정하여 내가 여기에 있기까지 크고 작은 도움을 주었던 사람이나 사건을 떠올려 봅니다. 그 사람이나 사건이 있을 수 있었던 인연에 대해 명상해봅니다. 그 인연이 어디까지 가는지 자세히 살펴보세요. 그 모두에게 감사의 마음을 보내주세요.

염불

생각 념念은 '今(이제 금)+心(마음 심)'이 더해진 글자입니다. 즉 지금 이 순간 마음을 의미합니다. 불佛은 부처님, 깨달음을 뜻합니다. 염불念佛은 불보살님 명호를 부르며, 지금 이 순간 부처님 마음을 닮아가기 위한 수행입니다. 우리는 어제의 마음, 내일의 마음을 보는 데 정신이 팔려 정작 지금 이 순간의 마음은 보지 못합니다. 부처님을 입과 마음으로 지극히 부르는 동안 우리는 무아의 경지로 들어가 부처님과 하나가 됩니다.

서산 대사는 "입으로만 외우지 말고, 마음으로 하는 것이 염불이다. 입으로만 하고 마음으로 생각하지 않으면 유익함이 없다"라고 했습니다. 부처님을 간절히 떠올리고, 부처님 명호를 똑똑하게 발음하여, 흐트러짐이 없는 염불이어야 합니다. 지극한 정성으로 부처님을 떠올리다 보면 어지러운 마음이 편안해지며 맑아집니다. 화, 분노, 두려움, 미움 등 부정적인 마음이 일어나더라도 금방 알아차리고 본래 성품인 지혜와 자비의 마음으로 회복할 수 있습니다.

하루 10분 이상 자신이 원하는 시간을 정하여 '석가모니불', '관세음보살', '지장보살' 등 불보살님 명호를 정하여 지극히 부릅니다. 소리를 낼 경우는 귀로도 또박또박 들어보고, 소리를 내지 않을 경우는 마음속으로 지극히 외고 떠올립니다.

간경

경전은 깨달음의 길을 널리 펴고자 편찬된 것입니다. 부처님의 가르침을 담은 경전을 받아 지니고 독송하여 그 의미를 알아내고 내 것으로 만드는 것이 간경수행看經修行입니다. 부처님 말씀을 깊이 이해하고 삶에서 실천할 때 경전의 가르침은 진실로 되살아납니다. 먼저 경전의 내용을 한 구절 한 구절 공부하면서 지속적으로 독송합니다. 경전을 읽어나가면서 그 뜻을 반복해서 되새기다 보면, 경전 속 지혜가 내 몸에 익게 되고, 일상에서 말과 행동으로 드러나게 됩니다.

처음에는 하나의 경전을 선택해 독송하며 몸과 마음으로 익히되, 한 경전만 편식하는 것은 좋지 않습니다. 하나의 경전을 이해하려면 다른 경전도 두루 읽고 새겨야 합니다. 경전을 늘 손 닿는 대로 가까이에 두고, 수시로 펴서 읽으며, 내 마음 상태를 점검하는 방편으로 삼도록 합니다.

하루 10분 이상 원하는 시간과 경전을 정하여 매일 소리 내어 읽거나 마음으로 되새기며 읽습니다. 경전을 공부한다는 자세로 의미를 깊이 이해하고 생활에서 실천하려고 노력합니다. 추천 경전으로 《금강경》, 《법구경》, 《보현행원품》, 《천수경》, 《한 권으로 읽는 빠알리 경전》, 《법화경》 등이 있습니다.

사경

사경寫經은 경전을 옮겨 쓰는 수행을 말합니다. 경전의 뜻을 더욱 깊이 이해하고 신심을 키운다는 의미를 담고 있습니다. 한 글자 쓰고, 한 번 절하는 '1자 1배一字一拜' 정신으로 지극히 집중해서 옮겨 적습니다. 정성을 다한 필사는 어수선하고 집착하는 마음을 비우고 번뇌를 줄여줍니다. 사경은 높은 집중력이 필요하므로 되도록 몸과 마음이 최적인 상태에서, 조용한 장소에서 하는 것이 좋습니다. 호흡을 잘 조절하고 정신을 집중하여 몸의 균형이 잘 이뤄진 상태에서 글씨를 써 내려갑니다. 처음 사경을 할 때는 이해하기 어려운 경전보다 '불佛', 한 글자를 반복해서 사경하거나, 고승의 게송을 뜻을 새기며 쓰는 것도 좋습니다. 무엇보다 붓끝과 펜 끝에 일심一心을 마음을 모으는 것이 중요합니다.

하루 10분 이상 원하는 시간과 경전을 정하여 매일 사경 노트에 옮겨 적습니다. 부처님의 가르침을 온전히 이해할 수 있도록 뜻과 의미를 이해하면서 정성스레 필사합니다. 추천 경전으로 《금강경》, 《법구경》, 《보현행원품》, 《천수경》, 《한 권으로 읽는 빠알리 경전》, 《법화경》 등이 있습니다.

걷기 명상

프랑스의 철학자 프레데리크 그로는 걷기에 대해 이렇게 말했습니다. "혼자 걸을 때 육체와 영혼이 대화를 나눈다." 걷기는 생명의 자연스러운 흐름을 일깨웁니다. 걷기에 오롯이 집중하며 마음을 깨우는 수행이 바로 걷기 명상입니다.

우선 숲속이나 들판처럼 '아름다운' 장소에서 홀로 걸어봅니다. 걷기 명상은 목적지에 도착하기 위해서가 아니라 그저 지금 이 순간에 존재하기 위해, 온전한 '나'를 돌아보는 데 목적이 있습니다. 모든 걱정과 근심을 떨쳐버리고 후회스러운 과거와 불안한 미래도 내려놓고 단지 지금 이 순간만을 느껴보십시오. 허리와 어깨를 굽히지 않은 편안한 자세로, 한 걸음 한 걸음 정성을 다해 걷습니다. 나의 한 발자욱이 대지에 입맞춤한다고 생각해보세요. 다리와 가볍게 흔들리는 양팔의 감각을 느끼고 코로 들이마시고 내쉬는 호흡을 느껴보기도 합니다. 어떤 생각이 떠오르면 그대로 바라보고 다시 걸음과 호흡에 집중합니다.

한 걸음 한 걸음에 집중하여 지금 이 순간 깨어 있는 것이 걷기 명상입니다. 하루에 한 번 콘크리트 건물에서 나와 자연과 함께 걷는 시간은 내게 주는 선물이 됩니다. 출퇴근 시 걸으며 자신의 발걸음을 알아차려 보세요.

보시

보시는 남을 돕고 베푸는 마음과 행위를 말합니다. 흔히 공덕을 쌓는 실천법으로만 아는데, 보시는 중요한 수행법입니다. 초기경전에 보시를 하면 수명과 재산, 행복을 얻을 수 있다는 구절이 많이 나와 있습니다. 또 보시 수행을 잘 닦으면, 내 안의 욕심과 탐욕을 버릴 수 있게 됩니다. 내 곁의 사람들에게 즐거움을 주고, 슬픔을 덜어주고, 평등하게 대하는 등 보시 수행을 잘 닦으면 불교의 연기와 무상을 깨닫게 됩니다.

나를 위한 공덕을 쌓으려는 보시를 넘어 진심과 정성을 다해 보시하는 것이 중요합니다. 보시 수행에서 가장 중요한 것은 '무주상보시無住相布施'입니다. 마음에 걸림이 없고(무애無礙), 머묾이 없는(무주無住) 보시라는 뜻으로, '내가 누구를 위하여 베풀었다'라는 마음 없이 내주는 것입니다. 내가 베풀었다는 의식은 또 다른 집착이므로, 궁극적으로는 '나와 남이 둘이 아닌 한 몸'이라는 깨달음에서 이루어지는 보시를 강조한 것입니다.

기부를 하거나 봉사단체에서 봉사하는 보시는 정기적으로 꾸준히 하는 것이 좋습니다. 차별 없이 사람들을 대하고, 거짓 없이 마음을 주고, 험담하지 않고, 늘 내가 손해 보려는 마음 모두가 보시입니다. 내가 할 수 있는 보시를 마음에 담고 세상을 바라보세요.

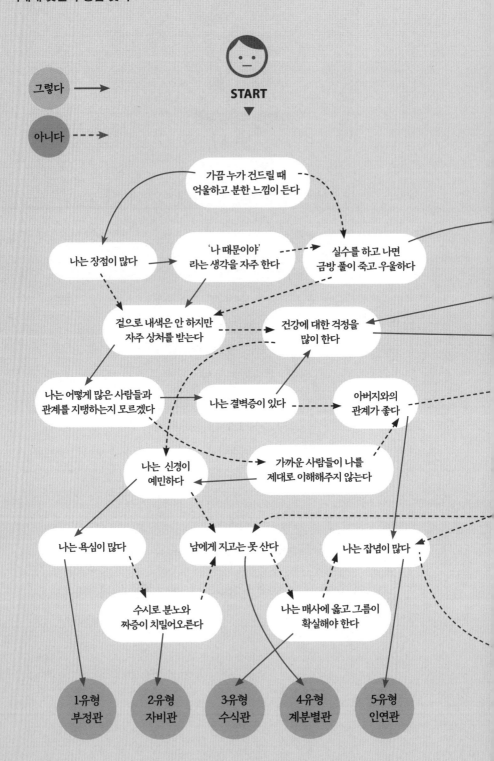

그렇다 ⟶

아니다 ⇢

START ▼

가끔 누가 건드릴 때 억울하고 분한 느낌이 든다

나는 장점이 많다

'나 때문이야' 라는 생각을 자주 한다

실수를 하고 나면 금방 풀이 죽고 우울하다

겉으로 내색은 안 하지만 자주 상처를 받는다

건강에 대한 걱정을 많이 한다

나는 어떻게 많은 사람들과 관계를 지탱하는지 모르겠다

나는 결벽증이 있다

아버지와의 관계가 좋다

나는 신경이 예민하다

가까운 사람들이 나를 제대로 이해해주지 않는다

나는 욕심이 많다

남에게 지고는 못 산다

나는 잡념이 많다

수시로 분노와 짜증이 치밀어오른다

나는 매사에 옳고 그름이 확실해야 한다

1유형 부정관

2유형 자비관

3유형 수식관

4유형 계분별관

5유형 인연관

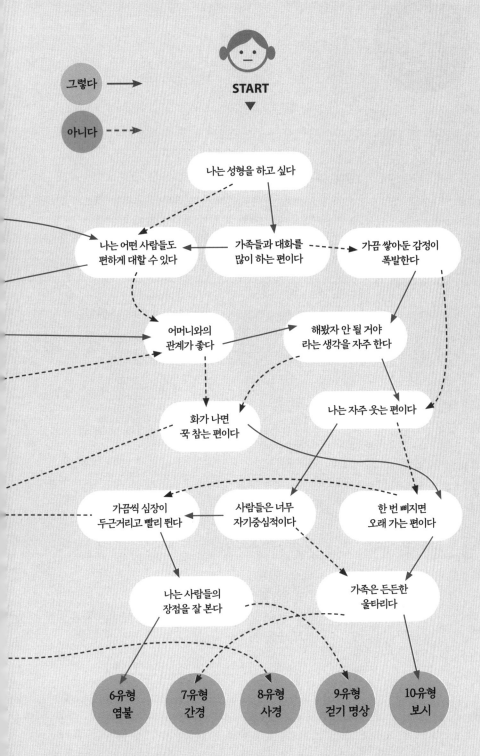

그렇다 →

아니다 ⇢

START
▼

나는 성형을 하고 싶다

나는 어떤 사람들도 편하게 대할 수 있다

가족들과 대화를 많이 하는 편이다

가끔 쌓아둔 감정이 폭발한다

어머니와의 관계가 좋다

해봤자 안 될 거야 라는 생각을 자주 한다

화가 나면 꾹 참는 편이다

나는 자주 웃는 편이다

가끔씩 심장이 두근거리고 빨리 뛴다

사람들은 너무 자기중심적이다

한 번 삐지면 오래 가는 편이다

나는 사람들의 장점을 잘 본다

가족은 든든한 울타리다

6유형 염불

7유형 간경

8유형 사경

9유형 걷기 명상

10유형 보시

1단계 • **정념수행**

나의 행복을 지켜주는 올바른 습관을 기르기 위해 매일 자신이 정한 시간에 기상하여 삼귀의와 오계로 정념수행을 합니다.

2단계 • **자비명상**

내 마음에 자비의 씨앗을 심기 위해 나를 일깨우는 자비명상을 독송하고 3분간 명상합니다.

3단계 • **미고사 108배**

선한 생각이 더욱 커지도록 정성을 다하여 108배를 합니다.

4단계 • **《자비경》독송**

나 자신을 먼저 사랑하는 마음을 키우면서 《자비경》을 독송합니다.

5단계 • **긍정 단어 100 독송**

내 마음에 긍정의 씨앗을 심기 위해 100개의 긍정 단어를 독송합니다.

6단계 ● **'내 인생의 주인공 되기' 발원문 독송**

지금 이 순간 내 마음의 주인이 되기 위해 '내 인생의 주인공 되기' 기도 발원문을 독송합니다.

7단계 ● **보시**

나눔을 통해 나를 비우는 행복을 실천하고자 매일 천 원 이상(일정 금액) 보시합니다.

8단계 ● **선행공덕**

나와 남의 이익과 행복을 위해 하루 한 가지 선행공덕을 쌓습니다.

9단계 ● **맞춤 수행**

세상에 대한 탐욕과 걱정을 버리고 평온과 집중에 머물고자 나에게 맞는 맞춤수행을 정진합니다.

10단계 ● **생활 명상**

일상생활을 더욱 값지게 바꿔주는 수행입니다. 매주 주어지는 생활명상 과제를 정성을 다해 실천합니다.

정념수행 1

삼귀의

우리는 누구나 고통에서 벗어나 행복할 수 있습니다. 우리는 무한한 잠재력이 있는 온전한 존재, 부처이기 때문입니다. '삼귀의三歸依'를 하면서 내 안의 잠재력을 믿고 실천할 것을 매일 새롭게 다짐합니다. 삼귀의는 불·법·승, 세 가지에 의지하며 살라는 부처님의 가르침입니다. 불佛은 생사로부터 해탈한 부처님입니다. 곧 우리 자신의 참모습이기도 합니다. 법法은, 이 세상은 인연에 따라 생기고 없어지며, 모든 것은 평등하다는 존재원리를 말합니다. 승僧은 부처님의 가르침을 따르며 서로 화합하고 실천에 힘쓰는 이들을 가리킵니다.

당신은 무엇에 의지하며 살고 있습니까. 부모, 자식, 돈, 명예, 권력, 스승 등 영원하지 않은 것에 의지하고 있다면 끊임없는 번뇌와 근심에 시달리게 됩니다. 확실하고 틀림없는, 바른 진리를 의지처로 삼을 때 우리는 행복해집니다. 부처님이 깨달은 진리는 누구나 공부하고 실천하면 알 수 있는 확실한 것입니다. 단순한 믿음이 아니라 내 삶에서 바로 실천하기 위해 우리는 삼귀의를 외우며 다짐합니다.

제게 삶의 길을 보여주시는 거룩한 부처님께 귀의합니다.
지혜와 자비의 길인 거룩한 가르침에 귀의합니다.
조화와 깨달음 속에 거하시는 거룩한 승가에 귀의합니다.

정념수행2
오계

오계五戒란 행복으로 가는 5단계 사다리입니다. 내 마음을 지키면 나로 인해 가족이나 주변 사람들이 상처받지 않게 지킬 수 있고, 사회 역시 건강해집니다. 삼귀의가 법法에 대한 믿음이라면, 오계는 일상에서 실천해야 하는 생활규범입니다. 오계를 지킴으로써 모든 번뇌와 악행을 끊어내 몸과 마음의 평안함을 유지할 수 있습니다.

① 살아있는 생명을 해치지 않는 수행으로, 모든 생명을 내 몸과 같이 소중히 여기는 자비로운 삶을 살겠습니다.

② 주지 않는 물건을 가지지 않는 수행으로, 나눔을 실천하는 풍요로운 삶을 살겠습니다.

③ 삿된 음행을 하지 않는 수행으로, 몸과 마음을 청정히 하는 향기로운 삶을 살겠습니다.

④ 거짓말을 하지 않는 수행으로, 진솔하게 말하며 화합을 이루는 평화로운 삶을 살겠습니다.

⑤ 정신을 혼미하게 하는 약물이나 술을 먹지 않는 수행으로, 마음을 챙기는 지혜로운 삶을 살겠습니다.

자비명상

명상은 멈춤입니다. 멈추면 '지금'이 보이고, 지금을 직시하면 '자신이 하고 있는 것'을 알아차릴 수 있습니다. 자비명상은 명상의 긍정적 기운을 나와 타인에게 보내는 것입니다. 명상을 통해 드러난 공감과 자비, 연민, 사랑, 기쁨은 자연스럽게 타인에게도 보낼 수 있습니다. 자비명상을 꾸준히 하면, 나를 정화시키고 타인을 열린 마음으로 대하게 되며, 긍정적인 생각과 지혜를 키울 수 있습니다. 자비명상은 언제 어디서나 할 수 있습니다. 자비명상을 하면 마음이 편해집니다. 자비의 힘은 자신을 사랑하게 만들고 세상을 아름답게 만듭니다.

🌿 자비명상법

조용한 곳에 편히 앉으십시오. 호흡을 깊이 하면서 몸과 마음을 편하게 하고 긴장을 푸십시오. 사랑과 자비로 가득 찬 자신의 모습을 떠올립니다. 입가엔 미소를, 가슴엔 평화를 담고서 먼저 나 자신에게 자비의 마음을 보내주세요. 그 다음 내가 좋아하는 사람, 미워하는 사람, 살아있는 모든 생명에게 차례로 자비의 마음을 보냅니다.

나는 하나밖에 없는 귀한 나에게 자비의 마음을 보냅니다.
내가 욕심에서 벗어나기를 바랍니다.
내가 화냄에서 벗어나기를 바랍니다.
내가 어리석음에서 벗어나기를 바랍니다.
내가 근심과 고통에서 벗어나 진정으로 행복하길 바랍니다.

자비로운 마음이 몸과 마음에 스며들도록 계속해서 반복합니다.
자신이 예전보다 더 큰 사랑과 자비심이 채워졌다고 느껴지면
스승, 가족, 친구, 이웃들, 당신이 아는 모든 사람들,
살아있는 모든 존재들까지 자비의 마음을 넓혀나갑니다.
가까운 사람부터 한 사람씩 사랑으로 가득 찬 모습을 떠올립니다.
편안하고 행복한 마음으로 부드럽게 호흡하며
자비의 마음을 보냅니다.
당신은 이 세상에 무엇과도 바꿀 수 없는 단 하나뿐인 귀한 분입니다.
당신이 욕심내고 화내고 어리석은 삼독심에서 벗어나
행복하길 바랍니다.
당신도 나와 똑같이 슬픔과 외로움과 절망을 겪어 알고 있습니다.
당신도 나와 똑같이 인생을 배워나가고 있습니다.
당신도 근심과 고통에서 벗어나 진정으로 행복하길 바랍니다.

마지막으로 살아있는 모든 존재들에게도 자비의 마음을 보냅니다.
내가 자유롭길 바라는 것처럼 모든 존재들이 자유롭길 바랍니다.
내가 평온하길 바라는 것처럼 모든 존재들이 평온하길 바랍니다.
내가 행복하길 바라는 것처럼 모든 존재들이 행복하길 바랍니다.
나는 다른 존재들이 내게 보내오는 자비의 마음을 받아들입니다.
나와 존재하는 모든 이들이 다 함께 행복하길 바랍니다.

그림으로 보는 자비명상 호흡법

1단계: 자세잡기

입가에는 미소
마음에는 평화

1

양손은 포개거나
편안히 무릎 위에 올려놓습니다.

2

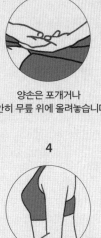

가부좌 또는 편안히
양반다리를 합니다.

3

어깨의 무거운 느낌은
툭~ 내려놓습니다.

4

허리는 쭉 펴고,
긴장을 살짝 푸세요.

5

눈은 힘을 빼고 감거나
반쯤 뜨셔도 좋습니다.

6

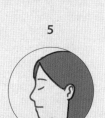

엉덩이뼈가 땅을 지탱할 때
가장 편안합니다.

7

팔목과 몸 사이에는
충분한 여유를 두세요.

8

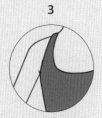

목은 척추와 일직선이 되게 합니다.
머리를 그 위에 살짝
올려놓는다고 상상해보세요.

9

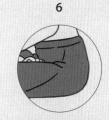

입가에 미소를~
마음엔 평화를 ~
이제 명상할 준비 완료

자비명상 호흡법
2단계: 기본 호흡법

① 고요한 장소를 찾습니다.

나를 위한 시간을 갖습니다.
단 몇 분이라도 충분합니다.

② 편안하게 앉으세요.

앉는 법은
〈자비명상 1단계: 자세잡기〉를
참조하세요

③ 호흡에 집중합니다.

호흡할 때의
코끝과

배와 가슴의 변화
를 느껴보세요.

④ 숨이 들어오고,
   나가는 것을 느껴보세요.

들숨
날숨

팽창
수축

⑤ 떠오르는 생각은 그저
   알아 차립니다.

'이렇게 하는 게 가치 있는
일일까?' '이런! 할 일이 너
무 많아.' '아~ 지루하다. 이
렇게 하는 게 맞는 건가?'
'점심은 뭘 먹지?'

머릿속에 생각이 가득 차
있는 것은 당연합니다. 생
각을 하지 않으려고 너무
애쓰지 마세요.

⑥ 다시 호흡에 집중합니다.

계속 흘러가도록
놔두세요.

들숨

날숨

대신 숨에
집중하며
지금 이 순간에
머무릅니다.

⑦ 5분 명상부터 시작하세요.

5분이 너무 길다고 느껴지면
1분부터 시작하세요.
타이머를 맞추어놓으면
시계를 확인하지 않아도 됩니다.

⑧ 매일 연습하세요.

명상의 시간보다 매일
실천하는 것이 더 중요합니다.

⑨ 조금씩 시간을 늘려보세요.

당신이 해야 할 일은
그저 떠오르는 생각을 바라보고
지금 이 순간 충분히 휴식을
취하는 것입니다.

자비명상 호흡법

3단계: 세상과 하나 되는 단계별 호흡법

코를 통해 깊숙이 숨을 들이쉬며

지구별 대지 어머니 속살 같은 보드라운 자비의 빛이 들어온다고 상상해보세요.

포근한 자비의 빛이 내 폐를 가득 채웁니다.

그 빛이 점점 확장되어 내 몸 전체가 말랑말랑한 자비의 빛을 냅니다.

나를 무겁게 만드는 세상 풍파를 담아 검은 빛의 덩어리를 만든다고 상상해보세요.

덩어리를 조그맣게 꼭꼭 뭉쳐서 날숨과 함께 뱉어냅니다.

폐 안에 쌓여 있던 검은 기운이 점점 가벼워집니다.

숨이 들어올 때는 하얀 자비의 빛이 들어오고 숨이 나갈 때는 검은 빛 뭉치가 날아갑니다.

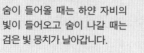

몸 전체가 환하게 말랑말랑해질 때까지 5분에서 10분 정도 반복합니다.

하루 수행법 3단계

미고사 108배

성철 스님은 당신을 만나려면 3천 배를 하고 오라고 하셨습니다. 누군가는 포기했고, 누군가는 오기로 3천 배를 하고 스님을 만나기도 했습니다. 절을 하지 않은 사람은 아무것도 구하지 못했을 테지만, 3천 배를 한 사람은 큰 깨달음을 얻었습니다. 나를 괴롭히는 온갖 고통에서 벗어나 세상을 당당하게 살아가는 법을 알게 된 것입니다.

절은 몸을 낮추는 하심下心, 즉 자기를 철저하게 내려놓으며 마음을 들여다보는 수행입니다. 몸이 낮아지면 바깥으로 향한 마음이 수그러집니다. 절 수행이 깊어질수록 모든 괴로움과 고통, 번뇌는 나 자신이 만들어내는 것임을 깨닫게 되며 비로소 '나'에서 자유로워집니다.

절 수행은, 몸이 건강해짐은 물론 심신 안정과 자기용서, 원망의 마음 내려놓기, 집중력 강화 등으로 수많은 사람들의 삶을 바꾸기도 했습니다. 108번 절하는 108배는 방석 하나만 있으면 바로 할 수 있는 수행법으로, 남녀노소 누구나 할 수 있습니다.

108배 자비명상은 특히 감사와 사랑으로 내 마음을 넓혀가는 명상입니다. 자비를 3단계 – 미안합니다, 고맙습니다. 사랑합니다 – 로 나누어 온몸과 마음을 다해 절을 하며 뜻을 새기는 것입니다. 이른바 미고사 108배 명상입니다. 절은 하루 중 일정한 시간에 규칙적으로 하되, 너무 빠르거나 천천히 하지 않고, 자기 몸에 맞는 속도로 합니다. 한 번 절할 때마다 '미고사' 한 문장씩 마음에 품고, 그 뜻을 헤아리며 108배를 합니다. 미고사 108배는 일상에서 무심하게 흘려버리는 일들을 돌아보면서 나와 타인, 세상의 모든 것들의 평화와 안녕을 기원합니다.

미고사 108배

미 미안해요

1 나 자신을 충분히 돌봐주지 못해 미안한 마음으로 절을 올립니다.

2 나 자신을 충분히 운동시켜주지 못해 미안한 마음으로 절을 올립니다.

3 나 자신에게 충분한 영양분을 공급해주지 못해 미안한 마음으로 절을 올립니다.

4 나 자신에게 온전한 휴식 시간을 주지 못해 미안한 마음으로 절을 올립니다.

5 내 몸과 마음을 상하게 하는 나쁜 습관을 끊어주지 못해 미안한 마음으로 절을 올립니다.

6 나 자신의 바람을 존중해주지 못해 미안한 마음으로 절을 올립니다.

7 내 감정을 있는 그대로 수용해주지 못해 미안한 마음으로 절을 올립니다.

8 내 느낌을 있는 그대로 받아주지 못해 미안한 마음으로 절을 올립니다.

9 나 자신이 이미 온전한 존재임을 믿어주지 못해 미안한 마음으로 절을 올립니다.

10 내 인생의 주인으로 살지 못해 미안한 마음으로 절을 올립니다.

11 나 자신을 지나치게 책망한 것에 미안한 마음으로 절을 올립니다.

12 항상 청량한 마음으로 알아차리고 깨어 있지 못해 미안한 마음으로 절을 올립니다.

13 아버지를 자주 찾아뵙지 못해 미안한 마음으로 절을 올립니다.

14 아버지가 짊어진 가장의 무게를 몰랐던 것에 미안한 마음으로 절을 올립니다.

15 어머니의 간절한 대화를 다정하게 받아주지 못해 미안한 마음으로 절을 올립니다.

16 어머니의 마음도 어린아이처럼 여리다는 것을 몰랐던 것에 미안한 마음으로 절을 올립니다.

17 부모님을 당연하게 여긴 것에 미안한 마음으로 절을 올립니다.

18 가족에게 사랑한다는 말을 자주 하지 못해 미안한 마음으로 절을 올립니다.

19 나만 더 사랑받으려고 욕심 부린 것에 미안한 마음으로 절을 올립니다.

20 더 많이 사랑해주지 않는다고 서운해 했던 것에 미안한 마음으로 절을 올립니다.

21 '감사하다' 말하지 못하고 받기만 한 것에 미안한 마음으로 절을 올립니다.

22 나의 기준으로 판단한 오만함에 미안한 마음으로 절을 올립니다.

23 자주 연락드리지 못한 스승님께 미안한 마음으로 절을 올립니다.

24 나를 인도해주려는 소중한 말씀에 귀 기울이지 못해 미안한 마음으로 절을 올립니다.

25 먼저 웃음과 인사를 건네지 못해 미안한 마음으로 절을 올립니다.

26 다른 나라에서 일어나는 아픔과 고통에 무관심했음에 미안한 마음으로 절을 올립니다.

27 맛있는 음식을 탐닉하고 아무렇지도 않게 음식을 버려 미안한 마음으로 절을 올립니다.

28 폐지 수레를 끄는 노인을 바라보기만 한 채 밀어주지 못해 미안한 마음으로 절을 올립니다.

29 경쟁사회로 내몰리는 아이들의 고통을 덜어주지 못해 미안한 마음으로 절을 올립니다.

30 이주 노동자들을 동등한 사람으로 바라보지 못해 미안한 마음으로 절

을 올립니다.

31 인간의 편리함을 위해 지구 곳곳에 상처를 내서 미안한 마음으로 절을 올립니다.

32 지구 온난화 가속화로 동물들이 살아가는 영역이 줄어듦에 미안한 마음으로 절을 올립니다.

33 무분별한 개발로 숲이 사라져 터전을 잃어버린 존재들에게 미안한 마음으로 절을 올립니다.

34 바다에 버려지는 플라스틱으로 생명을 위협받는 바다생물들에게 미안한 마음으로 절을 올립니다.

35 자연을 공생의 관계로 바라보지 못한 것에 대해 미안한 마음으로 절을 올립니다.

36 꽃과 나무가 자라남을 당연하게 생각했던 것에 미안한 마음으로 절을 올립니다 .

고 고마워요

37 생각하고 말하고 행동할 줄 아는 자신에게 감사한 마음으로 절을 올립니다.

38 자신을 알아가는 공부를 할 수 있어 감사한 마음으로 절을 올립니다.

39 사물을 볼 수 있는 눈이 있어 감사한 마음으로 절을 올립니다.

40 그윽한 향기를 맡을 수 있는 코가 있어 감사한 마음으로 절을 올립니다.

41 세상 소리를 들을 수 있는 귀가 있어 감사한 마음으로 절을 올립니다.

42 감미로운 맛을 느낄 수 있는 혀가 있어 감사한 마음으로 절을 올립니다.

43 소통하며 함께할 수 있는 언어를 쓸 수 있어 감사한 마음으로 절을 올립니다.

44 마음을 표현할 수 있는 몸이 있어 감사한 마음으로 절을 올립니다.

45 마음을 챙길 수 있는 감각이 있어 감사한 마음으로 절을 올립니다.

46 햇살처럼 영롱하고 맑은 마음을 갖고 있어 감사한 마음으로 절을 올립니다.

47 웃을 수 있는 여유로운 마음이 있어 감사한 마음으로 절을 올립니다.

48 선행공덕을 짓는 바른 믿음이 있어 감사한 마음으로 절을 올립니다.

49 당신의 자녀를 있는 그대로 인정하고 기다려주신 아버지께 감사한 마음으로 절을 올립니다.

50 당신의 아들딸을 자랑스러워해 주신 아버지께 감사한 마음으로 절을 올립니다.

51 정성으로 보호하고 길러주신 어머니께 감사한 마음으로 절을 올립니다.

52 아플 때 밤을 새워 간호해주신 어머니께 감사한 마음으로 절을 올립니다.

53 기쁨은 함께하고 슬플 때 위로해주신 가족께 감사한 마음으로 절을 올립니다.

54 가족을 위해 자기를 희생한 부모님께 감사한 마음으로 절을 올립니다.

55 형제자매들이 이 세상에 함께 있어 감사한 마음으로 절을 올립니다.

56 항상 응원해주고 힘이 되어주는 가족 한 사람 한 사람에게 감사한 마음으로 절을 올립니다.

57 멀리 있지만 '잘 살아라' 하며 긍정의 빛을 보내주신 친지들께 감사한 마음으로 절을 올립니다.

58 오랜만에 만나도 서로의 마음을 공감해주는 친구들께 감사한 마음으로 절을 올립니다.

59 배움의 즐거움을 알게 하려고 몸과 마음 다 내어주신 스승님께 감사한 마음으로 절을 올립니다.

60 부족한 내가 깨치도록 믿고 기다려 주신 모든 스승님께 감사한 마음으로 절을 올립니다.

61 병고에 시달리는 존재들을 치료해주시는 분들께 감사한 마음으로 절을 올립니다.

62 소중한 음식이 나에게 오기까지 수고해주신 모든 분들께 감사한 마음으로 절을 올립니다.

63 안전하게 시민들의 발이 되어주는 지하철, 버스, 택시 기사님들에게 감사한 마음으로 절을 올립니다.

64 삶의 질을 높이도록 교육해주시는 교육계 종사자 분들께 감사한 마음

으로 절을 올립니다.

65 바른 행복의 길을 안내해주신 조상님들께 감사한 마음으로 절을 올립니다.

66 유익한 정보를 알려주는 인터넷과 방송계 종사자들에게 감사한 마음으로 절을 올립니다.

67 봄, 여름, 가을, 겨울이 어김없이 찾아와 계절을 느낄 수 있음에 감사한 마음으로 절을 올립니다.

68 항상 그 자리에서 편안함과 쉼을 만들어주는 산과 바다에 감사한 마음으로 절을 올립니다.

69 항상 우리에게 필요한 공기를 아낌없이 주는 지구별에 감사한 마음으로 절을 올립니다.

70 모두에게 따뜻한 햇살로 온기와 생명력을 선사하는 태양에 감사한 마음으로 절을 올립니다.

71 시원한 바람과 그늘을 만들어주는 나무들에게 감사한 마음으로 절을 올립니다.

72 모든 존재들이 어우러져야 함을 알려주는 자연에게 감사한 마음으로 절을 올립니다.

（사） 사랑해요

73 천릿길도 한 걸음부터 꾸준히 나아가는 자신에게 사랑의 마음으로 절을 올립니다.

74 목표만을 좇지 않는 자신에게 사랑의 마음으로 절을 올립니다.

75 하고자 하는 일을 포기하지 않은 자신에게 사랑의 마음으로 절을 올립니다.

76 일의 과정과 가치에 의미를 두는 자신에게 사랑의 마음으로 절을 올립니다.

77 조급한 마음으로 지쳐 쓰러지지 않는 자신에게 사랑의 마음으로 절을 올립니다.

78 나를 알아가는 수행을 놓지 않는 자신에게 사랑의 마음으로 절을 올립니다.

79 더 나은 삶을 위해 노력하고 실천하는 자신에게 사랑의 마음으로 절을 올립니다.

80 행복의 길을 함께 가는 스승과 도반을 귀히 여기는 자신에게 사랑의 마음으로 절을 올립니다.

81 나무와 들꽃, 새소리를 소중하게 생각하는 자신에게 사랑의 마음으로 절을 올립니다.

82 맑은 하늘과 시원한 바람의 느낌을 알아차리는 자신에게 사랑의 마음으로 절을 올립니다.

83 항상 기쁜 호기심으로 만나는 사람에게 관심과 사랑을 나누려는 자신에게 사랑의 마음으로 절을 올립니다.

84 내가 만나는 모든 존재들을 공감의 눈으로 바라보고자 노력하는 자신에게 사랑의 마음으로 절을 올립니다.

85 나에게 풍성하고 아름다운 삶을 주신 아버지께 사랑의 마음으로 절을 올립니다.

86 모진 세상 풍파를 극복하는 인내를 가르쳐주신 아버지께 사랑의 마음으로 절을 올립니다.

87 지치고 힘들어도 포기하지 않고 최선을 다해주신 어머니께 사랑의 마음으로 절을 올립니다.

88 떨어져 있어도 행여 아프진 않을까 항상 걱정하시는 어머니께 사랑의 마음으로 절을 올립니다.

89 삶을 함께 하자는 마음을 받아주고 이어온 배우자께 사랑의 마음으로 절을 올립니다.

90 함께 한다는 이유만으로 믿어준 배우자께 사랑의 마음으로 절을 올립니다.

91 깊은 인연으로 맺어진 형제자매 친지들께 사랑의 마음으로 절을 올립니다.

92 살아가는 힘과 용기와 희망이 되는 자녀들께 사랑의 마음으로 절을 올

립니다.

93 나의 어려움을 공감해주고 위로와 격려를 해주시는 지인들께 사랑의 마음으로 절을 올립니다.

94 마음 닦는 공부를 함께하는 도반들께 사랑의 마음으로 절을 올립니다.

95 행복으로 이끌어주는 모든 스승님께 사랑의 마음으로 절을 올립니다.

96 밝고 넓은 세계로 인도하시는 스승님께 사랑의 마음으로 절을 올립니다.

97 방역수칙을 지키려 노력하는 분들께 사랑의 마음으로 절을 올립니다.

98 나라를 지키기 위해 국방의 의무를 다하는 군인들께 사랑의 마음으로 절을 올립니다.

99 풍족한 사회를 전해주신 어르신들께 사랑의 마음으로 절을 올립니다.

100 온갖 어려움을 이겨내며 살아가는 직장인들께 사랑의 마음으로 절을 올립니다.

101 육아와 일을 온 마음으로 헤쳐 나가는 세상의 어머니들께 사랑의 마음으로 절을 올립니다.

102 평생 사회와 가정을 위해 헌신하고 은퇴하신 어르신들께 사랑의 마음으로 절을 올립니다.

103 침묵으로 진리를 전하는 산과 허공에 사랑의 마음으로 절을 올립니다.

104 겸손함을 일러주는 많고 많은 들풀에게 사랑의 마음으로 절을 올립니다.

105 더러운 물과 진흙을 탓하지 않는 연꽃에게 사랑의 마음으로 절을 올립니다.

106 모든 것은 인연 따라 변한다는 것을 알려주는 흰구름에게 사랑의 마음으로 절을 올립니다.

107 탐욕과 성냄을 내려놓는 자유로운 삶을 가르쳐준 바람에게 사랑의 마음으로 절을 올립니다.

108 항상 그 자리에 변치 않고 있어 주는 지구별에게 사랑의 마음으로 절을 올립니다.

《자비경》 독송

부처님은 "살아 있는 모든 것들은 행복하라"고 말씀하셨습니다. 바로《자비경》의 핵심 메시지입니다. 자비의 자慈는 타인을 사랑하는 마음으로 기쁨을 주고, 비悲는 가엾이 여겨 괴로움을 없애주는 것을 뜻합니다. 《자비경》을 독송하며 내 마음과 타인의 마음이 서로 연결되어 있다는 사실을 알아차려 봅니다. 그리고 나와 연결된 모든 존재들을 위해 자비의 마음을 보내보세요. 부처님은 분노가 많아 괴로워하는 사람에게 《자비경》독송을 권해주셨습니다.

자비하신 부처님
저는 진실한 부처님 제자로서
항상 올바르고 정직하며 사나움 없이
자비롭고 겸손하게 살겠습니다.
생활 가운데 만족함을 알며
어떤 책임이라도 부담 없이 받들어 행하고
생활은 검소하며 느낌이나 감정을 다스려
사려 깊게 행동하고 부끄러움을 아는 삶을 지키겠습니다.
작은 허물이라도 범하지 않도록 노력하여
현자의 비난을 사지 않는 삶을 이루겠습니다.

자비하신 부처님
모든 중생이 안전하고 행복하길 기원합니다.
일체중생들이 행복한 마음 갖기를 기원합니다.
어떠한 생명도 예외 없이
그것들이 약한 것이거나 크거나 작거나
보이는 것이나 혹은 보이지 않는 것이나
가까이 살거나 멀리 살거나
이미 태어났거나 태어날 것이거나
일체중생들이 행복한 마음 갖기를 기원합니다.
이 세상 모든 사람이 다른 이를 속이지 않고
경멸하지 않으며 화내지 않고 원한심도 품지 않으며
홀어머니가 자신의 생명을 바쳐 외아들 보호하듯이
모든 중생에게도 자비심 가득하기를 기원합니다.
이 세상 모든 중생이 한량없는 마음을 개발하고
이 세상 일체중생들에게 널리 자비심을 베풀어가기를 기원합니다.
위로 하늘이나 아래로 지옥에 이르기까지 일체의 그 무엇에도
걸림 없이 증오나 미워하는 마음이나 원한심 없이 살겠습니다.
서 있을 때나 걷거나 앉았거나 누워 있거나
혹 언제라도 깨어 있을 때는 항상 고요하고 맑고
집중된 마음을 개발하여 청정함에 머물겠습니다.

긍정 단어 100 독송

심리학 용어 '피그말리온 효과'는 우리가 말하는 대로 생각하는 대로 될 수 있는 긍정의 효과를 가리킵니다. 우리가 어떤 말을 사용하고 어떤 생각을 하느냐에 따라 우리가 외부 세계를 인식하는 태도에 영향을 미치는 것입니다. 긍정의 말을 할 때는 긍정의 기운이, 부정의 말을 할 때는 부정의 기운이 따라옵니다. 호흡과 함께 긍정 단어 100개를 한 번씩 읽습니다. 숨을 끝까지 들이쉬며 단어를 한 번 읽고, 숨을 끝까지 내쉬고 다시 들이쉬며 두 번째 단어를 되새겨봅니다. 100개의 긍정 단어를 100번의 호흡과 함께 들이마셔 보세요. 내 마음에 긍정의 씨앗이 심어질 것입니다.

미소, 웃음, 용서, 칭찬, 실천, 풍요, 휴식, 감사, 긍정, 동행, 균형, 가족, 존귀, 지혜, 노력, 내려놓음, 가치, 본성, 신뢰, 여행, 자존, 도반, 선의, 여유, 절제, 행복, 해탈, 순수, 기쁨, 변화, 성장, 친절, 사랑, 존경, 통찰, 포옹, 존중, 상생, 어울림, 인내, 자유, 쾌활, 포용, 도전, 성실, 열정, 믿음, 중용, 보람, 성찰, 수용, 엄마, 유쾌, 이해, 화합, 이완, 응원, 인정, 정의, 화목, 희망, 성공, 소신, 쉼, 우리, 용기, 유연, 정진, 조화, 관심, 깨어남, 다 함께, 동감, 마주봄, 만족, 성취, 자비, 진취, 침묵, 건강, 격려, 관용, 끈기, 대화, 명상, 배려, 소망, 충만, 친밀, 평화, 경청, 고요, 공감, 꿈, 나눔, 다정, 생명, 치유, 소통, 환희

'내 인생의 주인공 되기' 발원문 독송

불교의 발원은 모든 생명이 이익이 되는 만물의 법칙에 기초합니다. 사적인 이익과 욕심이 아니라 우리 모두의 행복과 평화를 위한 내용으로 발원합니다. 발원이 중요한 것은 삶의 방향이 정해지기 때문입니다. 지금 나의 태도, 행동 등 인생의 모든 것은 내 가치관이 발현된 것입니다. '나는 어떻게 살 것인가.' 발원은 삶의 목적을 분명히 세워 그 방향으로 나가도록 이끄는 중요한 덕목입니다.

여섯 개의 주제로 나눠진 발원문을 읽으며 날마다 내 가치관을 가다듬으십시오. 그리고 나만의 발원문을 써보고 함께 읽는 것도 좋습니다.

하나, 지금 나에게 일어나는 모든 것은
과거에 뿌린 씨앗이 열매를 맺은 것이고,
지금 이 순간 나의 행동, 말, 생각은 나의 미래가 된다
눈앞에 있는 산을 넘지 못하면 다음 산을 오를 수 없다.
지금 앞에 놓인 문제를 풀어낼 때 행복은 시작된다.
수행은 번뇌의 대상을 없애는 게 아니라
대상을 없애려는 그 마음을 알아차리는 것이다.
내가 먼저 웃을 때 우리 집에 웃음꽃이 피어나고,
내가 먼저 웃을 때 너와 나의 사이에 꽃은 피고,
내가 먼저 웃을 때 내 마음속에 꽃향기가 가득해진다.
얼굴과 낙하산은 펴져야 산다.

둘, 티베트 영적 스승들의 지혜의 도구
첫째, 귀 기울여 듣고
둘째, 깊은 이해심으로 끊임없이 성찰할 것이며
셋째, 명상을 통해 얻은 통찰을 삶에서 행동으로 옮겨야 한다.
이것으로써 마침내 삶의 불안에서 나를 지켜내고
고요한 바다 같은 참 자유를 얻을 수 있으리.

셋, 깨어 있는 마음
후회나 불안에 끌려다니거나
일과 걱정에 온 마음을 빼앗겨버리지 않고,
지금 이 순간에 온전히 머물라.
깨어 있는 마음은 사랑하는 사람들을 진정으로
볼 수 있게 해주고,
그들을 마음으로 받아들일 수 있게 해준다.

넷, 감사합니다
불보살님 인연에 감사합니다.
기도할 수 있는 인연에 감사합니다.
명상할 수 있어서 감사합니다.

참회할 수 있어서 감사합니다.
감사할 수 있어서 감사합니다.
발원할 수 있어서 감사합니다.
깨달음을 향한 목표가 있어서 감사합니다.
이렇게 할 수 있어서 감사합니다.
기도할 수 있는 자신에게 감사합니다.
함께 정진하는 도반들께 감사합니다.

다섯, 나는 이렇게 살고자 합니다
나는 지금 여기에 있을 수 있어서 감사합니다.
나는 마음을 닦아가는 수행자입니다.
나는 언제나 밝고 명랑합니다.
나는 조금 부족하고 불편해도 괜찮습니다.
나는 나에게 일어나는 모든 경계를 긍정적으로 받아들입니다.
나는 나에게 일어나는 일들을 좋다 나쁘다 판단하지 않고
다만 바라보며 알아차립니다.
나는 나에게 일어나는 어려운 일은
공덕을 자라게 하는 덤이라고 받아들입니다.
나는 내 생각을 다른 이에게 강요하지 않습니다.
나는 남과 비교하지 않으며 나 자신에게 주어진 삶에 충실합니다.

나는 상대를 탓하지 않으며 나 자신을 바라봅니다.
나는 상대를 언제나 부처님으로 바라봅니다.
나는 나에게 주어진 일에 있어 최선을 다하되
뒤에 오는 결과는 있는 그대로 수용합니다.
나는 나에게 일어나는 모든 일을 '나의 일'이라고
고집하지 않고 부처님께 맡기고 삽니다.

여섯, 자주 회상해야 하는 다섯 가지 명상 주제
하나, 나는 늙도록 태어났다. 그러므로 늙음을 피할 수 없다.
둘, 나는 아프도록 태어났다. 그러므로 질병을 피할 수 없다.
셋, 나는 죽도록 태어났다. 그러므로 죽음을 피할 수 없다.
넷, 나에게 귀중한 모든 것과 사랑하는 사람들은 변하도록 태어났다.
그들과의 헤어짐을 피할 길은 없고, 그 무엇도 가질 수 없다.
나는 빈손으로 왔다가 빈손으로 간다.
다섯, 오직 내 행동만이 진정한 내 것이다.
그러므로 행동의 과보를 피할 수 없다.
내 행동은 내가 서 있는 바탕이다

나의 발원문

1

2

3

4

5

6

보시

나눔은 나를 비우는 행복을 실천하게 해줍니다. 내 것을 나눌수록 탐욕과 분노는 줄어들 것입니다. 매일 천 원 이상 보시금을 모아둡니다. 보시금은 100일이 끝나면 좋은 곳에 회향하세요.

병든 이에게는 의사가 되어주고
길 잃은 이에게는 바른 길을 가리켜주며
어둔 밤에는 등불이 되고
가난한 이에게는 재물을 얻게 하느니라.
이와 같은 보살은 모든 이웃을
평등하고 이롭게 하느니라.
보리는 이웃에게 달린 것이며
이웃이 없다면 끝내 깨달음을
이루지 못할 것이니라.

_《보현행원품》

선행공덕

선행공덕은 어려운 일이 아닙니다. 지금 이 순간 내가 만나고 있는 사람에게 환하게 먼저 웃어주고, 인사를 건네는 것, 평소 무덤덤하게 지내던 가족에게 힘내라고 음료수 하나 쥐어주는 것과 같이 아주 작고 사소한 것부터 시작하면 됩니다. 지금 당장, 내 곁의 사람에게 방긋 미소 한 번 지어보십시오.

오늘은 어제의 생각에서 비롯되었고
현재의 생각은 내일의 삶을 만들어간다.
삶은 이 마음이 만들어내는 것이니 순수하지 못한 마음으로
생각과 말과 행동을 하게 되면 고통은 그를 따른다.
수레의 바퀴가 소를 따르듯.
오늘은 어제의 생각에서 비롯되었고
현재의 생각은 내일의 삶을 만들어간다.
삶은 이 마음이 만들어내는 것이니 순수한 마음으로
생각과 말과 행동을 하게 되면 기쁨은 그를 따른다.
그림자가 물체를 따르듯.
_《법구경》

맞춤수행

세상에는 다양한 사람이 있습니다. 그리고 그 사람다운 그 사람만의 길과 모양이 있습니다. 어떤 모양이든 귀하고 소중하지 않은 사람이 없습니다. 진정한 나다운 길을 가십시오. 나의 그릇에 가장 적합한 수행법을 찾으십시오. 나에게 맞는 수행법을 찾아 하루에 10분 이상 맞춤수행을 실천해보세요. 나에게 맞는 수행법을 찾고, 정진하다 보면 세상에 대한 탐욕과 걱정을 버리고 평온을 얻을 수 있습니다.

우리 마음 안에는
기쁨, 희망과 같은 긍정의 씨앗이 있는가 하면
절망, 두려움과 같은 씨앗도 있다.
어떤 씨앗에 물을 주어 꽃을 피울지는
자신의 의지에 달렸다.
_틱낫한

생활명상

수행이 따로 있는 것이 아닙니다. 설거지하고, 화장실에서 볼일 보고, 밥
먹는 것, 이것이야말로 가장 성스럽고 소중한 진리이며, 가장 좋은 수행
의 주제입니다. 일상생활의 모든 것을 수행으로 만들어보세요. 깨어 있는
마음이란 무슨 일을 하든 정성을 다하는 것입니다.

맷돌이나 숫돌이 닳는 것은 보이지 않지만
어느 땐가 다 닳아 없어진다.
나무를 심으면 자라는 것이 보이지 않지만
어느새 자라 큰 나무가 된다.
하루하루 꾸준히 수행에 정진하다 보면
어느샌가 그 수행은 깊어져
마침내 저 불멸의 곳에 이르게 된다.
_《선림보훈》

나를
바꾸는
100일

마가 스님의 100일 명상 사용 설명서

❖ 1주일 단위로 모두 14주 + 2일, 100일 동안 수행합니다.
❖ 1주일에 한 주제를 중심으로, 날마다 '오늘의 화두'와
'붓다의 말', '오늘 나의 마음 이야기', '수행 점검표'로 구성되어 있습니다.

① 81쪽, 100일 기도의 목적과 서원을 적습니다.

② 108배, 염불, 독경, 화두 명상 등 나에게 적합한 수행법(34쪽~)을 정
한 다음, 단계별 수행(48쪽~)을 참고하여 적정한 과정과 시간을 정
합니다.

③ 매일 아침, 정해진 시간에 ②번에서 정한 수행을 한 뒤, 해당 날짜의
'오늘의 화두'와 '붓다의 말'을 독송하며 뜻을 새기고, 명상합니다.

④ 하루가 끝나고 잠자리에 들기 전, '오늘의 화두'에서 제시한 명상을
한 다음 '미고사'를 기록하며 하루를 정리합니다.

⑤ 하루를 시작하는 아침과 마무리하는 저녁에 규칙적으로 수행하는
것이 좋지만, 형편에 따라 아침·점심·저녁 그 밖의 휴식시간을 이
용하는 것도 좋습니다. 마음을 채우는 아침, 마음을 알아차리는 점
심, 마음을 비우는 저녁이 되도록 합니다.

⑥ 한 주가 끝나는 일요일 밤에는 81쪽의 '100일 기도의 목적과 서원'
을 독송하며 새로운 주일을 준비합니다.

⑦ 100일 명상 노트를 모두 완성하고 수행을 마친 다음, 시작할 때의
기도의 목적과 서원을 다시 읽어 봅니다. 그리고 '이렇게 살겠습니
다'를 독송하며, '나의 100일 회향 기도문'을 적습니다.

시작 :　　년　　월　　일
회향 :　　년　　월　　일

나의 100일 기도의 목적과 서원

1

2

3

기도를 이루기 위해 꼭 해야 할 일

1

2

3

자신을 사랑하십시오

당신은 충분히 사랑받는다고 느끼십니까? 그렇지 않다면 그 이유는 바로 자기 자신을 사랑하지 않기 때문입니다. 사랑받고 싶다면 먼저 자기 자신을 사랑해야 합니다. 지금까지는 내 단점을 보며 살았습니다. 나를 부정하며 살았습니다. 그래서 행복하지 않았던 것입니다. 지금부터 나를 있는 그대로 보시기 바랍니다. 내 장점을 먼저 보십시오.

모든 사랑은 나를 사랑하는 것에서부터 시작됩니다. 그러나 많은 경우 우리는 남과 비교하며 자신의 존재를 받아들입니다. 그래서 자신을 있는 그대로의 소중한 존재로 여기기 어렵습니다. 우리는 스스로에게 화를 내거나 자책합니다. 그러면서 열등감과 무가치함을 느낍니다. 이것이 습관으로 굳으면 점점 더 볼품없고 형편없는 사람이 되어갑니다.

반대로 자신의 단점도 수용하고 마음에 들지 않는 행동이나 말을 할 때도 위로를 해주면 점점 더 괜찮은 사람이 됩니다. 나 자신을 긍정하고 나를 긍정하는 만큼 상대를 칭찬하면 우리는 모두 한 걸음 더 성장할 수 있습니다.

　　부처님은 모든 사람이 사랑받고 사랑하며 행복할 수 있는 온전한 잠재력(불성佛性)을 갖추고 있다고 하셨습니다. 완벽하지 않아도 괜찮습니다. 나의 모습을 있는 그대로 사랑해주세요. 때로 일상사에 흔들리고 번뇌에 시달리고 쓸데없는 욕망에 휘둘릴지라도 청정하고 아름다운 내 모습은 그대로입니다. 뿌연 창을 닦아내면 투명한 햇살이 그대로 비춰오듯 내 마음을 닦아내면 그 자체로 부처님의 성품을 지닌 고귀한 내 자신입니다.

(생활 명상) 내 장점 알아보기

휴대폰 메신저로 가족이나 친구 3명에게 내 장점을
세 가지만 보내 달라고 요청해보십시오.
내가 먼저 상대의 장점 세 가지를 보내주며 요청하면 더 좋습니다.
작은 칭찬을 받기 전과 받은 후에 내 마음은 어떠한지 살펴보십시오

1 DAY

오늘의 화두
미소

'미소'는 '소리 없이 빙긋이 웃는다'라는 뜻입니다. 미소 띤 얼굴을 보면 어떤가요? 바라보는 것만으로도 흐뭇하고 행복해지지 않나요?

부처님이 영산회상에 계실 때 범왕이 바라화를 바치며 설법을 청했습니다. 꽃을 들어 보이시는 부처님 모습에 대중들은 영문을 모르는데, 마하가섭만이 미소를 지었습니다. 이를 계기로 부처님은 가섭존자에게 정법을 전수하지요. 이 일을 염화시중, 이심전심이라고도 합니다.

이처럼 미소는 바른 법이 전해지고, 마음과 마음이 만나는 일대 사건입니다. 불성이 은은하게 빛으로 흘러나온 것이 미소이기에 내 안의 자비심을 가장 잘 표현하는 방법이기도 하고요. 미소 짓는 마음은 나 자신을 긍정하고 타인을 향한 이타심이 있기에 가능한 것입니다.

숨을 들이쉬면서 마음속으로 말합니다. '마음에 평화.'
숨을 내쉬면서 마음속으로 말합니다. '얼굴에 미소.'
숨을 들이쉴 때 '마음에 평화'
숨을 내쉴 때 '얼굴에 미소'를 말합니다. (3번 반복)

명상을 진지한 것으로 여기지만, 미소 짓기처럼 쉽고 단순합니다. 오늘 하루 '미소 명상'을 통해, 내가 만나는 사람마다 먼저 미소를 지어보세요. 먼저 미소를 지음으로써 지금 이 순간 마음의 평화를 유지할 수 있습니다.

∿ 붓다의 말

침묵과 미소, 이 두 가지는 매우 강력한 단어이다.
미소는 많은 문제를 해결하기 위한 길이며,
침묵은 많은 문제에서 벗어나기 위한 길이다.
- 붓다

∿ 오늘 나의 마음 이야기

미 미안합니다 (오늘 하루 잘못한 일)

_____

_____

_____

고 고맙습니다 (오늘 하루 고마운 일)

_____

_____

_____

사 사랑합니다 (오늘 하루 나눈 사랑)

_____

_____

_____

CHECK LIST

정념수행	자비명상	108배	자비경	긍정단어	발원문	보시	선행공덕	맞춤수행	생활명상

2 DAY

오늘의 화두
용서

'사는 게 답답합니다. 잠시라도 자유로워지고 싶어요. 그런데 어떻게 해야 하는지 모르겠습니다.' 많은 사람이 이런 고민을 합니다. 그때마다 이렇게 대답하지요. "먼저 용서하세요. 억울하고 힘들어도 용서하세요."

'용서'는 상대를 위한 게 아닙니다. 나를 위한 일입니다. 상처만으로도 아픈데 상처 준 사람까지 증오해야 한다니, 그걸 감당하는 마음이 얼마나 힘든가요. 그냥 훌훌 털어버리고 어디든 산뜻한 기분으로 갑시다. 달라이 라마 스님은 말씀하십니다. "용서는 내가 나에게 주는 최고의 선물이다." 가뜩이나 힘든 세상, 무거운 돌까지 짊어지고 걸을 순 없잖아요.

나를 아프게 했던 사람과 나를 힘들게 했던 일을 떠올리며
마음속으로 이렇게 이야기해보세요.
'나는 용서합니다.'
내 마음의 무거운 돌을 내려놓는다 생각하며 말해보세요.
'나는 용서합니다.'

마음이 조금 편안해졌나요? 힘들게 하는 것들에 대한 답은 멀리 있지 않습니다. 언제나 내 안에 있습니다. 나를 위한 최고의 배려가 바로 용서입니다. 용서를 통해 나 자신을 안아주고 사랑해줄 수 있으며, 마음의 굴레로부터 자유로워질 수 있습니다. 용서하면 홀가분해지고 자유로워집니다.

〜 붓다의 말

꽃은 바람을 거슬러서 향기를 낼 수 없지만, 선하고 어진 사람이 풍기는
향기는 바람을 거슬러서 사방으로 번진다.
-《법구경》

〜 오늘 나의 마음 이야기

미 미안합니다 (오늘 하루 잘못한 일)

_____

_____

_____

고 고맙습니다 (오늘 하루 고마운 일)

_____

_____

_____

사 사랑합니다 (오늘 하루 나눈 사랑)

_____

_____

_____

CHECK LIST

정념수행	자비명상	108배	자비경	긍정단어	발원문	보시	선행공덕	맞춤수행	생활명상

3 DAY

오늘의 화두
칭찬

'칭찬'도 수행입니다. 입으로 짓는 가장 쉬우면서 가장 큰 공덕이 칭찬입니다. 칭찬의 말 한마디는 상대방에게 좋은 복의 씨앗을 심는 일입니다.

상대의 좋은 점이나 착하고 훌륭한 일을 높이 평가하는 것을 칭찬이라고 합니다. 지극한 마음으로 아미타불을 찬탄하고 공양하면 극락정토에 태어난다고 하죠. 이를 '찬탄공양정행'이라고 하는데, 칭찬은 내세뿐만 아니라 이생을 극락정토로 만드는 선한 에너지를 가지고 있습니다. 칭찬 한마디가 상대를 향한 자비이기 때문입니다. 칭찬에는 나와 상대방을 똑같이 바라보는 자비의 마음이 깃들어 있습니다.

오늘부터 인연 있는 사람들을 만날 때마다
칭찬 거리를 세 가지만 찾아서 직접 말로 표현해보세요.
'당신은 연꽃처럼 예쁘십니다.'
'당신은 관세음보살님처럼 마음이 따뜻하십니다.'
'당신은 지혜로운 나의 도반입니다.'

생각에만 머무는 것과 직접 행하는 것은 하늘과 땅 차이입니다. 나와 똑같이 상대를 바라보고 이해할 때 '진정한 칭찬의 생각 하나', '진정한 칭찬의 말 한마디', '진정한 칭찬의 행동 하나'가 나옵니다. 마음과는 다르게 말 한마디 때문에 오해를 빚는 일이 더러 있지요. 앞으로는 그때마다 칭찬 거리를 세 가지만 찾아보세요. 그리고 말로 표현해보세요.

∽ 붓다의 말

　　항상 부드러운 말을 하고
　　사람을 칭찬하며 말과 행동이
　　서로 맞으면 몸과 마음을 해치지 않는다.
　　-《수행도지경》

∽ 오늘 나의 마음 이야기

미 미안합니다 (오늘 하루 잘못한 일)

_____

_____

_____

고 고맙습니다 (오늘 하루 고마운 일)

_____

_____

_____

사 사랑합니다 (오늘 하루 나눈 사랑)

_____

_____

_____

CHECK LIST

정념수행	자비명상	108배	자비경	긍정단어	발원문	보시	선행공덕	맞춤수행	생활명상

4 DAY

실천

머리로 아는 것과 실제로 행하는 것에는 매우 큰 차이가 있습니다. 부처님 법을 공부하는 최고 단계가 바로 실천입니다.

'행하다'는 말 역시 어떤 일을 실제로 해나간다는 의미이니, 실천은 '앎'이 '행'으로 가는 과정이라 할 수 있습니다. 일상에서 구체적인 행함으로 이루어질 때 비로소 우리가 알고 있는 것들은 완성되고 빛을 발합니다. 그렇다면 무엇을 실천해야 할까요? 세상에 어떤 업의 씨앗을 심어야 할까요? 내 생각과 고집을 버리고 부처님과 같은 생각과 말, 행동을 실천하며 마음을 가꾸어야 합니다. 즉 '부처님같이'를 실천하는 겁니다.

> 오늘 하루, 나를 위해 내 주변 사람들을 위해
> 무엇을 나누고 무엇을 행할지 생각해봅니다.
> 좋은 생각, 좋은 행동, 웃음, 미소,
> 따듯한 말 한마디, 성내지 않기 등
> 내가 할 수 있는 일을 자세히 떠올려봅니다.

'이렇게 해야지!'라고 생각에만 머무르지 않고 직접 실천하도록 합시다. 그 작은 행동 하나가 인생 전체를 바꾸는 열쇠가 됩니다. 고정된 자성이 없으므로, 세상에는 작은 것도 없고 큰 것도 없습니다. 작은 것이 쌓여 큰 것이 되고 큰 것이 나뉘어 작은 것이 될 뿐입니다. 작은 미소 한 번, 따뜻한 칭찬의 말 한마디도 실천할 때 비로소 꽃으로 피어납니다.

∽ 붓다의 말

여래의 가르침을 항상 보물처럼 소중히 여겨
항상 읽고 외우고 생각하고 삶 가운데 실천하여라.
그리하면 너희는 언제나 행복하리라.
– 《반니원경》

∽ 오늘 나의 마음 이야기

미 미안합니다 (오늘 하루 잘못한 일)

_____

_____

고 고맙습니다 (오늘 하루 고마운 일)

_____

_____

사 사랑합니다 (오늘 하루 나눈 사랑)

_____

_____

CHECK LIST

정념수행	자비명상	108배	자비경	긍정단어	발원문	보시	선행공덕	맞춤수행	생활명상

5 DAY

풍요

'풍요'라는 말만 들어도 왠지 넉넉해지고 어딘가 빈 곳을 가득 채우는 것 같아서 행복감이 밀려오지요. 사전에서는 '흠뻑 많아서 넉넉하다'라는 뜻으로 풍요를 소개합니다. 여러분은 언제 풍요를 느끼시나요? 돈이 많을 때? 아니면 하는 일이 잘 풀릴 때?

그런데 외부의 조건에서 풍요를 찾다 보면 늘 무언가 부족하고 쫓기게 되지요. 풍요는 마음먹기에 달려있습니다. 진정한 풍요는 만족할 줄 아는 마음에서 시작합니다. 있는 그대로 인정하고 받아들이며 스스로 만족할 때 인간의 마음은 풍요로움으로 가득 차게 됩니다. 어디에도 걸림 없이 자유롭고 행복하게 되는 거지요. 풍요로운 사람은 넉넉한 마음이어서 그것을 남과 나눌 수 있습니다. 이것이 바로 부처님이 말씀하신 '자비심'입니다.

오늘 하루는 내 마음을 잘 들여다보고 스스로 물어보십시오.
'나에게 결핍된 것은 무엇인가?'
'내가 만족하지 못하는 것은 무엇인가?'
'나는 무엇을 더 바라는가?'

그리고 자신에게 감사한 것 3가지를 찾아 얘기해 봅시다.
'나는 반짝이는 두 눈이 있어서 감사합니다.'
'나는 부처님 법을 공부하는 불자여서 감사합니다.'
'나는 노래를 부를 수 있는 목소리가 있어서 감사합니다.'

~ 붓다의 말

엄청나게 많은 재물과
먹을 것이 풍족한 사람이
그것을 혼자만을 위해서 사용한다면,
이것은 파멸의 문이다.

-《숫타니파타》

~ 오늘 나의 마음 이야기

미 미안합니다 (오늘 하루 잘못한 일)

_____

_____

_____

고 고맙습니다 (오늘 하루 고마운 일)

_____

_____

_____

사 사랑합니다 (오늘 하루 나눈 사랑)

_____

_____

_____

CHECK LIST

정념수행	자비명상	108배	자비경	긍정단어	발원문	보시	선행공덕	맞춤수행	생활명상

6 DAY

오늘의 화두
웃음

'웃음', 생각만 해도 참 좋지요? 웃는 순간 생각이 멈춘다고 합니다. 인간의 뇌는 한꺼번에 두 가지 일을 프로그래밍할 수 없어서, 웃으면서 동시에 다른 생각을 할 수 없다는 거지요. 따라서 웃음도 수행이 될 수 있습니다. 생각이 멈추는 순간이 명상이니까, 웃음은 무념으로 들어가는 비상구가 됩니다. 웃는 순간 진정으로 세상의 주인공으로 존재할 수 있고, 비로소 우리는 하나가 됩니다.

　웃음은 상처를 치료하는 좋은 약입니다. 웃는 만큼 몸과 마음이 건강해집니다. 웃음은 연습해야 합니다. 나는 얼마나 자주 웃나요? 지금 웃지 않고 있다면 억지로라도 웃으세요. "푼수!"라고 놀려도 웃으십시오. 조만간 그도 당신처럼 달라질 겁니다. 웃음은 그만큼 힘이 세니까요.

　숨을 천천히 깊게 들이쉬고, 천천히 내쉰 다음
　크게 소리 내어 웃습니다. (3번 반복)

스트레스를 받거나 두려움, 화를 느끼면 얼굴 근육이 굳어지고 말과 행동에 영향을 미칩니다. 반대로 웃음은 근육을 이완시키면서 긴장을 풀고 기분을 좋게 합니다. 억지 웃음의 효과는 과학적으로 증명되어 웃음 요가(Laughing Yoga), 입 요가(Mouth yoga)로 활용됩니다. 궁극적으로 웃음 명상은 감정표현을 스스로 조절하는 데 있습니다.

〜 붓다의 말

남이 싫어하는 거친 말을 쓰지 말라.
거친 말을 보내면 거친 말이 돌아온다.
서로 정답게 어울려서 살려거든,
고운 말을 주고받고 웃음으로 대하라.
-《법구경》

〜 오늘 나의 마음 이야기

미 미안합니다 (오늘 하루 잘못한 일)

_____

_____

_____

고 고맙습니다 (오늘 하루 고마운 일)

_____

_____

_____

사 사랑합니다 (오늘 하루 나눈 사랑)

_____

_____

_____

CHECK LIST

정념수행	자비명상	108배	자비경	긍정단어	발원문	보시	선행공덕	맞춤수행	생활명상

7 DAY

휴식

일을 멈추고 잠깐 쉬는 것이 '휴식'의 진정한 의미일까요? 휴식은 모든 것을 잠시 내려놓는 것입니다. 그러나 나와 내 주변에 일어나는 현상과 상황을 방관하고 피해버리는 것은 아닙니다. 휴식에 대한 올바른 이해가 있어야 우리는 비로소 휴식할 수 있습니다.

휴식은 긴장과 불안, 온갖 생각을 내려놓고 있는 그대로 바라보는 것입니다. '있는 그대로 본다는 것'은 나와 내 주변에 일어나는 현상을 그저 일어났다 사라지는 현상으로 바라보는 것이지요. 여기에는 '끄달리는' 마음이 없기에 힘이 들지 않습니다. 이것이 바로 최고의 휴식입니다.

조약돌이 강물에 톡 떨어지는 모습을 상상합니다.
조약돌은 강물 바닥에 천천히 가라앉습니다.
물이 조약돌을 부드럽게 감싸며 흐릅니다.
조약돌은 그 자리에서 흐름을 느낄 뿐입니다.

틱낫한 스님의 문장을 응용한 '조약돌 휴식 명상'입니다. 조약돌 명상은 쉽게 말하면 '냅둬유'하고 내려놓는 것입니다. 놔두고 바라보는 사이 나는 더 넓은 시선으로 자유로워질 수 있습니다. '냅둬유' 속에 놀라운 휴식의 힘이 들어있습니다. 오늘 하루 바쁜 일상에서 잠깐이라도 나에게 휴식을 선물해보세요.

～ 붓다의 말

　나는 명상 방석에 앉을 때마다
　앉아서 아무 노력도 하지 않는다.
　그냥 내 몸을 쉬게 한다.
　아무 노력도 하지 않으니 아무 문제가 없다.
　- 틱낫한

～ 오늘 나의 마음 이야기

（미） 미안합니다 (오늘 하루 잘못한 일)

_____

_____

_____

（고） 고맙습니다 (오늘 하루 고마운 일)

_____

_____

_____

（사） 사랑합니다 (오늘 하루 나눈 사랑)

_____

_____

_____

CHECK LIST

정념수행	자비명상	108배	자비경	긍정단어	발원문	보시	선행공덕	맞춤수행	생활명상

지금 이 순간에 집중하십시오

하루에도 몇 번씩 우리는 기분이 이랬다저랬다 합니다. 그 감정의 변화는 말과 행동으로 나타나지요. 감정의 변화는 자연스러운 일입니다. 하지만 감정의 변화를 깨닫지 못하고, 감정에 휘둘리는 것은 문제입니다. 자신뿐만 아니라 타인과의 관계에서도 어려움을 겪게 되지요.

감정의 폭발로 힘겹지 않으려면 나를 꾸준히 들여다봐야 합니다. 그러면 자신의 마음을 다스릴 힘을 기를 수 있습니다. 그래서 명상이 필요합니다. 명상은 지금 이 순간 깨어 있으면서 내가 나를 바로 보는 일입니다. 경기장에서 아나운서가 선수들이 뛰는 것을 중계하듯 스스로를 보면서 이야기하는 것이지요. '나는 말하고 있구나', '화를 내고 있구나', '걷고 있구나'처럼 자신을 객관적으로 보는 연습을 하는 것입니다.

마음이 요동칠 때마다 숨을 깊게 들이쉬고 내쉬어봅니다. 숨을 들이쉴 때는 온전히 들이쉬고 내쉴 때는 그 호흡에 집중하며 그때 일어나는 감각, 입가를 스치는 입김의 기운을 느낍니다. 호흡을 길게, 짧게 내쉬면서 그때 일어나는 감각을 알아차립니다. 호흡은 자연스럽게 일어나도록 내버려 두고 다만 '알아차림'만 또렷하게 살아 있게 하십시오. 마음이 안정될수록 몸도 안정될 것입니다.

처음에는 자신의 느낌이나 몸에 집중하라는 말이 낯설 것입니다. 그러나 조금씩 이 순간 나의 말과 행동을 알아차리다 보면 집중력이 커지고, 마음도 평안해질 것입니다. 마음이 평안해지고 명상이 익숙해지면 내가 누군지 알게 되고 나아가 나를 사랑할 수 있게 됩니다.

생활 명상   잠깐 멈추고 숨을 들이쉬고 내쉬기

휴대폰이 울릴 때마다 숨을 깊게 들이쉬고 내쉬어봅니다.
지금 이 순간 내 생각과 말과 행동을 있는 그대로 잘 살펴보십시오.

8 DAY

오늘의 화두
감사

여러분은 평소 '감사함'을 많이 느끼고 '감사합니다'라는 말을 자주 하나요? 고맙게 여기는 마음 또는 고마움을 나타내는 인사라는 뜻을 가진 감사는 고마운 마음을 밖으로 표현하는 방법이지만, 그 이상의 힘을 가지고 있습니다.

감사함을 느끼고 말한다는 건 쉬우면서도 어려운 일입니다. 감사의 마음은 나와 내 주변을 이루는 환경을 바라보는 시각에 달려있습니다. 생각을 달리하면 모든 것에 감사함이 깃들어 있습니다. 지금 우리 주변에는 행복의 조건들이 무수히 많지만, 그것을 깨닫지 못하기 때문에 행복하지 않은 것입니다. 조건들을 발견하는 것이 바로 깨어 있는 마음입니다.

지금 이 순간!
나는 행복의 씨앗을 심고 있는가?
불행의 씨앗을 심고 있는가?
행복의 씨앗은 누군가 대신 심어주지 않습니다.

아침에 눈을 뜨면
'살아 있어서 감사합니다'를 3번,
'오늘 하루 만나는 사람들과 복을 나누겠습니다'를 3번,
'오늘 만나는 사람들에게 친절하겠습니다'를 3번 하고
일어나보십시오.
삶이 변화할 것입니다.

〜 붓다의 말

자녀의 손을 잡고 밖으로 나가 풀밭 위에 함께 앉으세요. 푸른 잔디, 드문드
문 피어난 작은 꽃들, 그리고 하늘. 아이와 함께 이 모든 것을 관조할 수도 있
습니다. '함께 호흡하고 미소 지음', 이 아름다운 것들에 감사하는 법을 알 때,
다른 어떤 것도 구할 필요가 없습니다.
- 틱낫한

〜 오늘 나의 마음 이야기

미 미안합니다 (오늘 하루 잘못한 일)

고 고맙습니다 (오늘 하루 고마운 일)

사 사랑합니다 (오늘 하루 나눈 사랑)

CHECK LIST

정념수행	자비명상	108배	자비경	긍정단어	발원문	보시	선행공덕	맞춤수행	생활명상

9 DAY

오늘의 화두
긍정

'긍정'의 명상은 지금 이 순간을 있는 그대로 바라보고 인정하는 것에서 비롯됩니다. 맞닥뜨린 상황을 받아들이고 '그럴 수도 있지!' 하며 인정하는 순간 긍정의 싹이 솟아납니다. 의미 그대로 긍정은 '그러하다'고 생각하여 옳다고 인정하는 것입니다.

우리에게는 많은 일이 끊임없이 발생하고, 그 상황 속에서 무수한 생각과 감정이 일어납니다. 상황은 내가 바꿀 수도 없고 선택할 수도 없지만, 생각과 감정은 내가 선택하고 바꿀 수 있습니다. 우리는 각자 '인생의 주인공'이기 때문입니다.

상황에 따라 시시각각 변화하는 생각과 감정을
바라보는 연습을 해봅시다.
내 안 어딘가에서 올라오는 감정을 표현하는 것이 아니라
어떤 감정이 올라오는지 그 감정은 어디에서 오는지
잠깐 멈추고 바라보면서

'그래도 괜찮아!'
'그럴 수도 있지!'
'이만해서 다행이야!'

긍정의 생각과 긍정의 말,
긍정의 행동을 해보는 겁니다.

∿ 붓다의 말

무언가가 나에게 닥칠지라도
기쁨의 마음은 흔들리지 말아야 한다.
기쁜 마음으로 하지 않으면 원하는 바를 이루지 못하고
모든 선행은 시들게 된다.
- 《입보리행론》

∿ 오늘 나의 마음 이야기

미 미안합니다 (오늘 하루 잘못한 일)

_____

_____

_____

고 고맙습니다 (오늘 하루 고마운 일)

_____

_____

_____

사 사랑합니다 (오늘 하루 나눈 사랑)

_____

_____

_____

CHECK LIST

정념수행	자비명상	108배	자비경	긍정단어	발원문	보시	선행공덕	맞춤수행	생활명상

10 DAY

동행

'동행'은 같이 길을 간다는 뜻이지만, 같이 길을 가는 사람을 뜻하기도 합니다. 여러분은 누구와 동행하고 있나요? 우리가 흔히 쓰는 '길'은 인생 전체를 상징하기도 하는데, 여러분의 삶은 어떤 사람과 동행하고 있는지요? 그 동행이 행복한가요? 아니면, 고통스러운가요?

지금 당장은 좀 고통스럽더라도 인생길에 참여한 모든 동행은 도반이라고 할 수 있습니다. 인생은 홀로 살아갈 수 없으며, 동행의 과정과 연습으로 완성됩니다. 이런 맥락에서, 인생 자체가 수행이고 우리의 실제 생활이 수행의 바탕인 셈입니다. 부처님 말씀처럼 우리는 동행하는 사람을 통해 지혜로운 삶을 배울 수 있습니다.

나와 동행하는 사람을 나의 선지식으로 여기십시오.
나에게 큰 깨달음을 주는 스승으로 바라보며
무엇을 나눌 수 있는지 생각해보십시오.

나는 어떤 복의 씨앗으로 이 인연을 만났는지
이 인연으로부터 무엇을 배우고 실천해 나갈 수 있는지
고민해보십시오.

더불어 나와 동행하는 사람에게 '미고사'를 표현해보십시오.
'미안합니다', '고맙습니다', '사랑합니다'라고 이야기해보십시오.

∽ 붓다의 말

어리석은 이와 함께 가는 여행은 지루하고 힘들며
마치 적과 함께 여행하듯 고통스럽다.
그러나 현명한 이와의 동행은
벗과의 만남처럼 즐겁다.
- 《법구경》

∽ 오늘 나의 마음 이야기

미 미안합니다 (오늘 하루 잘못한 일)

_____

_____

_____

고 고맙습니다 (오늘 하루 고마운 일)

_____

_____

_____

사 사랑합니다 (오늘 하루 나눈 사랑)

_____

_____

_____

CHECK LIST

정념수행	자비명상	108배	자비경	긍정단어	발원문	보시	선행공덕	맞춤수행	생활명상

11 DAY

균형

'균형'이란 어느 한쪽으로 기울거나 치우치지 않는 고른 상태를 의미합니다. 불교에서는 '중도'라고 할 수 있습니다. '중도'는 어느 한쪽으로 치우치지 않는 바른길입니다.

생각이나 감정 혹은 상황이나 대상에 대한 균형 잡힌 마음이 작동하지 않는다면, 우리는 양쪽을 분별해서 그중 하나를 선택하게 됩니다. 저것이 아니라 이것이라는 집착을 하게 되지요. 집착은 나 자신을 힘들게 합니다. 양쪽을 모두 이해하고 어느 쪽에도 무게 중심을 두지 않고 있는 그대로 바라본다는 뜻에서 '균형과 중도'는 일맥상통하는 바른 법입니다. 이는 방관하거나 회피하지 않고 적극 책임을 지는 자세이기도 합니다.

내 마음의 저울을 만들어 보세요.
그리고 지금 이 순간
내 마음이 어느 쪽으로 쏠리는지 있는 그대로 바라보세요.

이제 마음의 관점을
저울의 양 끝이 아니라
저울의 중앙에 있다고 생각하고
순간순간 변화하는 그 과정을 바라보는 겁니다.
바라보는 힘을 길러보는 거지요.
이것이 바로 균형입니다.

∾ 붓다의 말

생각의 실타래가 얽히고 꼬여 그 균형을 잡지 못하게 되면
탐욕의 불길은 더욱 거세어진다. 그리고 이를 즐겁다고 생각한다면
욕망은 더더욱 증가하게 되고 이에 따라 그 구속력도 더하게 된다.
- 《법구경》

∾ 오늘 나의 마음 이야기

미 미안합니다 (오늘 하루 잘못한 일)

_____

_____

고 고맙습니다 (오늘 하루 고마운 일)

_____

_____

사 사랑합니다 (오늘 하루 나눈 사랑)

_____

_____

CHECK LIST

정념수행	자비명상	108배	자비경	긍정단어	발원문	보시	선행공덕	맞춤수행	생활명상

12 DAY

오늘의 화두
가족

여러분은 모두 가족 속에서 행복하고, 또 가족 때문에 힘들기도 하지요? 가족은 수행에서 큰 공부로 작용합니다. '나'를 내려놓고 '나와 똑같이'를 배우게 되는 집단이 가족이니까요. 그뿐 아니라 부처님을 통해 알게 된 '자비'와 '지혜'를 일상에서 실천할 수 있게 하는 사람들이 바로 가족입니다. 무수한 인연의 업으로 형성된 가족이기에 우리는 그 속에서 기쁨, 행복, 슬픔, 화, 미움 등 셀 수 없는 감정들을 나누고 삽니다. 나는 가족 속에서 어떤 존재인지를 바르게 보십시오. 내가 가족에게 바라는 게 아니라 나는 가족들에게 어떤 말, 어떤 생각, 어떤 행동을 나누는 사람인지 바르게 보아야 합니다.

> 가족 속에서 내가 어떤 모습으로 살아가고 있으며,
> 가족에게 나는 어떤 존재인지 생각해보세요.
> 더불어 가족들에게 따뜻한 말 한마디 해보세요.
> 가족은 나와 가장 가까운 스승이자 도반입니다.
>
> 가족 한 사람씩 떠올리며 말해보세요.
> '미안합니다.' '고맙습니다.' '사랑합니다.'
>
> 언제 해야 할까요?
> 바로 지금 이 순간!

ᘒ 붓다의 말

부모와 자식, 형과 아우, 남편과 아내 그리고 친족 간에 항상 서로 아끼고 사랑하라. 질투하거나 증오하지 말고 안색은 항상 따뜻하게 하라. 설사 멀리 떨어져 있어도 늘 걱정하는 마음을 가져라. 아버지의 사랑은 무덤까지 이어지고 어머니의 사랑은 영원까지 이어진다.

-《무량수경》

ᘒ 오늘 나의 마음 이야기

미 미안합니다 (오늘 하루 잘못한 일)

고 고맙습니다 (오늘 하루 고마운 일)

사 사랑합니다 (오늘 하루 나눈 사랑)

CHECK LIST

정념수행	자비명상	108배	자비경	긍정단어	발원문	보시	선행공덕	맞춤수행	생활명상

13 DAY

오늘의 화두
존귀

'존귀'는 '존재가 높고 귀하다'라는 뜻입니다. 이 말은 석가모니 부처님의 탄생게로 유명한데, 태어나자마자 일곱 걸음을 걸어가신 부처님은 한 손으로 하늘을, 다른 한 손으로 땅을 가리키면서 '천상천하 유아독존'이라고 하셨습니다. '천상의 굴레에서 벗어나고 천하의 굴레에서 벗어나 이 세상에서 가장 존귀한 존재는 바로 나 자신'이라는 말씀이지요.

존귀는 있는 그대로 존재함에서 오는 긍정과 행복의 마음입니다. 자신에 대한 긍정과 행복의 마음이 있을 때 타인에 대한 긍정과 자비심이 나옵니다. 나는 존귀한 존재입니다. 이 세상 우리 모두 그대로 존귀합니다.

'있는 그대로'를 바라보고 인정할 때
내면의 존귀한 빛을 발할 수 있습니다.
잠시 눈을 감고 자신의 존재를 향해 속삭여 주세요.

'나는 나 자신을 이해합니다.'
'나는 나 자신을 인정합니다.'
'나는 나 자신을 사랑합니다.'
'나 자신은 존귀합니다'라고 마음으로 표현하여 주세요.
그리고 '나와 똑같이 다른 존재들 모두 존귀합니다'라고 말해봅니다.

'나는 존귀한 존재로서 주변에 어떤 말·생각·행동을 나눌 것인가.'
오늘은 이 생각을 꼭 되새겨보십시오.

∾ 붓다의 말

태양은 낮에 빛나고 달은 밤에 빛난다.
전사는 무장하여 빛나고 존귀한 님은
선정으로 빛난다.
그런데 깨달은 님은 일체의 밤낮으로 빛난다.
-《법구경》

∾ 오늘 나의 마음 이야기

미 미안합니다 (오늘 하루 잘못한 일)

_____

_____

_____

고 고맙습니다 (오늘 하루 고마운 일)

_____

_____

_____

사 사랑합니다 (오늘 하루 나눈 사랑)

_____

_____

_____

CHECK LIST

정념수행	자비명상	108배	자비경	긍정단어	발원문	보시	선행공덕	맞춤수행	생활명상

14 DAY

지혜

불교에서 '지혜'는 빼놓을 수 없습니다. '사물의 이치를 빨리 깨닫고, 정확하게 보는 정신적 능력'이라는 의미의 지혜를 불교에서는 '모든 법法에 환하여, 잃고 얻음과 옳고 그름을 가려내는 마음의 작용으로서 미혹을 소멸하고 보리菩提를 성취하는 것'이라고 정의합니다.

삶이 힘들고 고통스럽기에 우리는 어리석음에서 벗어나기 위한 지혜를 구하고자 합니다. 지혜는 경험을 통해 스스로 알아갑니다. 상황과 환경을 있는 그대로 객관화해서 바라보는 것이 지혜의 시작입니다. 주관성이 개입되지 않고 있는 그대로 볼 때 비로소 원인과 결과로 작동하는 인과의 법칙을 깨달을 수 있습니다. 객관화와 인과를 알면 저절로 지혜로운 말, 지혜로운 생각, 지혜로운 행동을 할 수 있게 됩니다.

잠깐 멈춤.

지혜는 반드시 경험을 통해서 알게 됩니다. 우리는 끊임없이 발생하는 상황과 거기서 비롯되는 많은 번뇌와 감정에 시달립니다. 그때 지혜로운 명상이 필요합니다. '잠깐 멈춤'을 통해 상황을 바라보는 나의 시선과 마음을 알아채야 합니다. '받아들임의 자세'를 살피는 시간이 필요합니다. 그것은 '나는 지금 나를 어떻게 보고 있는가?' 하는 문제입니다.

오늘은 상황과 감정에 끄달리지 말고 잠깐 멈춤을 꼭 해보시길 바랍니다. 바라보는 나를 바라보며 객관화하는 연습, 인과를 찾아내는 연습을 하는 겁니다. '잠깐 멈춤'에서 지혜가 비롯됩니다.

〜 붓다의 말

지혜 있는 사람은 생각이 민첩하여 하나를 들으면 만을 알며, 장래의 일을 지
레 알며 그때그때 행동의 잘못을 저지름 없이 다 판단해서 막힘이 없다. 마치
혀가 음식을 맛보아 달고 시고 짜고 심심함을 다 알아내는 것과 같다.

-《출요경》

〜 오늘 나의 마음 이야기

미 미안합니다 (오늘 하루 잘못한 일)

_____

_____

_____

고 고맙습니다 (오늘 하루 고마운 일)

_____

_____

_____

사 사랑합니다 (오늘 하루 나눈 사랑)

_____

_____

_____

CHECK LIST

정념수행	자비명상	108배	자비경	긍정단어	발원문	보시	선행공덕	맞춤수행	생활명상

함께 있고 싶은 사람이 되십시오

옛날 어떤 사람이 석가모니 부처님을 찾아가 이렇게 물었습니다.

"저는 하는 일마다 되는 일이 없습니다. 이유가 무엇일까요?"

부처님은 이렇게 대답하셨습니다.

"그것은 네가 남에게 베풀지 않았기 때문이니라."

그는 다시 물었습니다.

"저는 아무것도 가진 게 없어 베풀 수가 없습니다."

부처님은 그 사람에게 가진 것이 없어도 베풀 수 있는 일곱 가지를 일러주셨습니다. 즉 정다운 얼굴로 상대를 대하는 것, 따뜻한 말을 전하는 것, 마음을 열고 다가가는 것, 따뜻한 눈길로 바라보는 것, 몸으로 할 수 있는 일로 돕는 것, 남에게 자리를 양보하는 것, 상대의 속마음을 헤아려주는 것 등입니다.

어딜 가든 환영받는 사람, 함께 있고 싶은 사람이 되는 방법도 마찬가지입니다. 무엇이든 베풀고 나누고 따뜻하게 배려하는 사람, 그런 사람이라면 어디서든 사랑받는 존재가 될 수 있습니다.

《쌍윳따 니까야》에 "험한 여행길의 친구처럼 조금 있어도 나누어주는 사람은 죽은 자들 가운데서 죽지 않는다. 이것은 옛날부터의 원리이다. 어떤 이는 조금 있어도 베풀고 어떤 이는 많아도 베풀지 않으니 조금 있어도 베푸는 보시는 천 배의 가치가 있다"라는 글이 나옵니다. 가진 것이 적어도 함께 나누는 그 마음이 중요한 법입니다.

생활 명상 귀 기울여 듣기

평소 사랑하는 사람들의 이야기를 건성으로 듣진 않았나요?
이번 주에는 깨어 있는 마음으로 그 사람의 이야기에 귀를 기울여보세요.
평소 무심코 지나쳤던 그 사람의 무의식에 담긴 마음까지 온전히
이해하게 될 것입니다

15 DAY

오늘의 화두
노력

'노력'이란 목적을 이루기 위해 몸과 마음을 다해 애를 쓰는 일입니다. 따라서 노력은 삶을 이루어가는 원동력이라 할 수 있습니다. 앞으로 나아가려고 애를 쓸 때 목적한 바의 성취와 실패가 일어나고, 그 결과 다양한 삶의 모습들이 만들어집니다.

우리는 각자의 자리에서 열심히 노력하며 살아갑니다. 부모로, 자식으로, 가장으로, 아내로, 직장의 어느 직책으로. 자신이 위치한 자리에 따라 역할에 맞게 노력하며 살아갑니다. 한 번의 노력이 성취로 이어지지는 않습니다. 거듭 반복하는 과정에서 결실을 맺게 됩니다. 반복하다 보면 처음에는 어렵던 것이 조금씩 익숙하게 되고 자연스러워지면서 터득하게 되지요. 노력의 힘은 여기에 있습니다.

가만히 자신을 바라보십시오.
나는 무엇을 위해 노력하고 있는가?
나의 노력이 부처님을 닮아가고자 하는 것인지,
나 혼자만을 위한 욕심은 아닌지, 잘 바라보십시오.
그리고 마음속으로 서원과 발원을 해보십시오.
'부처님 저는 부처님을 닮고자 이렇게 노력해 가겠습니다.'

그 속에서 자신이 나아가야 할 길이 보일 것입니다. 목적과 방법이 모두 정당하고 바르게 설 때 노력은 좋은 수행이 됩니다.

～ 붓다의 말

하나하나 조금씩 조금씩 그리고 거듭거듭,
저 보석공이 은에서 불순물을 제거하듯,
현명한 사람은 그 영혼에 낀 먼지를 닦아낸다.
-《법구경》

～ 오늘 나의 마음 이야기

미 미안합니다 (오늘 하루 잘못한 일)

_____

_____

_____

고 고맙습니다 (오늘 하루 고마운 일)

_____

_____

_____

사 사랑합니다 (오늘 하루 나눈 사랑)

_____

_____

_____

CHECK LIST

정념수행	자비명상	108배	자비경	긍정단어	발원문	보시	선행공덕	맞춤수행	생활명상

16 DAY

오늘의 화두
내려놓음

'내려놓음'은 물질적인 작용뿐 아니라 정신 작용인 마음의 상태를 표현합니다. 여러분은 마음 '내려놓기'를 잘하고 있는지요? 아니면 마음에 이것저것 닥치는 대로 가득 채워서 끙끙거리며 무겁게 살지는 않는지요?

그런데 '내려놓음'을 하고 싶어도 무엇을 내려놓아야 하는지, 어떻게 내려놓아야 하는지를 몰라서 답답하다는 분들이 많습니다. 모르기에 더 답답할 수 있습니다. 내려놓음의 대상은 바로 '집착'입니다. 욕심을 내서 잡고 있는 그 마음을, 그 생각을 내려놓아야 하는 겁니다. 집착을 내려놓을 때 마음의 평온에 이를 수 있습니다. '내 것'이라는 집착이 생기면 그로부터 '괴로움'이 생겨납니다. 괴로움의 늪에 빠져서 괴롭다고 외쳐대지만, 실상 그 늪은 내가 만든 욕심의 늪입니다.

눈을 감고 자신의 마음을 잘 관찰해보십시오.
'나는 어디에 매여 있는가.'
'나는 무엇을 놓지 못하고 있는가.'
'나는 어떻게 살고 있는가.'
이 질문에 대해 대답하는 순간,
그 자리에서 '내려놓음'이 시작됩니다.

내 모습이 욕심과 집착에 젖어 있다면, 이렇게 말해보십시오.
'이 세상에 변하지 않는 것은 없다. 잠시 내게 머물렀다 갈 뿐이다.'
'내려놓음'은 본질을 명확히 파악할 때만 가능해집니다.

〜 붓다의 말

세간에 얽매이고 집착하면
여러 가지 괴로움에 빠지리니,
비유하면 늙은 코끼리가 늪에 빠져서
스스로 나오지 못하는 것과 같다.
-《유교경》

〜 오늘 나의 마음 이야기

미 미안합니다 (오늘 하루 잘못한 일)

고 고맙습니다 (오늘 하루 고마운 일)

사 사랑합니다 (오늘 하루 나눈 사랑)

CHECK LIST

정념수행	자비명상	108배	자비경	긍정단어	발원문	보시	선행공덕	맞춤수행	생활명상

17 DAY

가치

'가치'란 사물이 지닌 쓸모나 대상이 인간과의 관계에 의해 지니게 되는 중요성을 의미합니다. 간단하게 물질적이고 정신적으로 중요한 의미를 갖는 것입니다. 그러므로 어디를 향해 가는지를 보게 되면 그것이 중요시하는 가치도 알 수 있습니다.

'나는 무엇을 향해 가고 있는가?'라고 물을 때 바로 나오는 답이 바로 내가 중요하게 여기는 가치입니다. 누구에게는 가족이 될 수 있고, 누구에게는 명예나 일, 부富, 사랑이 될 수 있는 등 중요시하는 가치는 사람마다 다릅니다. 저는 저의 가치를 부처님을 닮아가는 수행자에 두고 있습니다. 그렇기에 인생의 방향도 목적지도 모두 부처님을 향해 있지요. 여러분은 자신의 가치를 어디에 두고 있으신가요? 오늘은 마음속에만 머물렀던 나의 가치와 나의 발원을 확인하며 명상하는 시간을 가져봅니다.

'내가 중요하게 여기는 가치는 무엇인가?'
'나는 어느 방향으로 가고 있는가?'

자신의 가치를 정확하게 파악하고 삶의 나침반이 바르게 섰다면 그 방향으로 나아가기 위해 어떠한 실천행을 할 것인지, 어떤 생각, 어떤 말, 어떤 행동으로 가치를 실현할 것인지를 성찰하고 다짐해보십시오.

～ 붓다의 말

모양과 빛이 아무리 아름다워도
향기 없는 꽃은 가치가 없듯,
말을 아무리 잘하더라도
실천하지 않으면 죽은 말이다.
-《법구경》

～ 오늘 나의 마음 이야기

미 미안합니다 (오늘 하루 잘못한 일)

_____

_____

고 고맙습니다 (오늘 하루 고마운 일)

_____

_____

사 사랑합니다 (오늘 하루 나눈 사랑)

_____

_____

CHECK LIST

정념수행	자비명상	108배	자비경	긍정단어	발원문	보시	선행공덕	맞춤수행	생활명상

18 DAY

오늘의 화두
본성

'본성'은 사람이 본디부터 가진 성질 혹은 사물이나 현상에 본디부터 있는 고유한 특성입니다. 불교에서의 '본성'은 우리가 깨달아야 할 수행의 목표라 할 수 있습니다. 생·노·병·사라는 몸의 흐름과 희·노·애·락이라는 감정의 변화에 흔들리지 않는 뿌리가 바로 '본성'이지요.

본성은 나무의 뿌리와 같은 우리 존재의 근원으로, 변화를 겪으며 가지를 뻗고, 잎을 내고, 열매를 맺다가 어느 순간이 되면 부러지거나 나이 들어 꺾이기도 합니다. 모양과 형태와 성질은 달라도 근원의 에너지는 하나입니다. 생김새, 성격, 생각은 모두 달라도 사람을 이루는 존재 에너지는 같은 뿌리지요. 이것이 '본성'입니다. 어려운가요?

잠시 눈을 감고 한 그루 나무를 떠올려봅니다.
흔들리는 잎에서 가지로, 가느다란 가지에서 줄기로
줄기에서 기둥으로, 기둥에서 뿌리로 내려가봅니다.

감정, 생각, 분별은 모두 바람에 흔들리는 잎과 가지입니다. 본성을 향해 가는 질문 '나는 누구인가?'를 명상해보세요. 답을 찾고자 하는 것은 내 틀에서 나오는 생각일 뿐입니다. 그저 나 자신에게 물음을 던지세요. '나는 누구인가?' '나는 무엇인가?' 그 물음 속에 본성으로 다가가는 길이 있습니다.

∽ 붓다의 말

이 몸은 공적하여 나도 없고,
너도 없으며, 진실한 본성도 없다.
모든 것은 공한 것이다.
그러므로 고락도
그 실체가 없는 것이다.
- 붓다

∽ 오늘 나의 마음 이야기

미 미안합니다 (오늘 하루 잘못한 일)

_____

_____

_____

고 고맙습니다 (오늘 하루 고마운 일)

_____

_____

_____

사 사랑합니다 (오늘 하루 나눈 사랑)

_____

_____

_____

CHECK LIST

정념수행	자비명상	108배	자비경	긍정단어	발원문	보시	선행공덕	맞춤수행	생활명상

19 DAY

오늘의 화두

신뢰

'신뢰'는 굳게 믿고 의지한다는 말입니다. 무언가를 믿고 의지하기는 참 쉽지 않지요. 믿고 의지함에는 내 고집과 내 틀을 내려놓음이 전제되기 때문입니다. 있는 그대로를 온전히 이해하고 받아들여 수용하고자 할 때 신뢰가 싹틉니다. 신뢰를 통해 믿음이 생기고 그 믿음으로 인해 자비심이 생기게 됩니다.

바다는 휘몰아치는 파도를 탓하지 않고 온전히 받아줍니다. 다 받아주어서 '바다'라고 한답니다. 그것이 가능한 이유는 바다와 파도는 하나이기 때문입니다. 너와 내가 구별되고 차별되는 순간 받아들이는 건 어려워집니다. '나와 똑같이 저 사람도 그러하구나'라고 바다 같은 마음으로 받아들여보십시오. 내 마음 바다의 신뢰는 얼마만큼의 깊이인지 바라보는 하루 되시기를 바랍니다.

여러분 마음속에는 신뢰하는 사람이 있나요?
혹은 누군가에게 여러분 자신은 신뢰받는 사람인가요?

가만히 살펴보시기 바랍니다.
나의 생각, 나의 말, 나의 행동은 다른 사람에게 신뢰를 주는지?
내 고집, 내 생각만으로 말하고 행동해서 상처를 주지는 않았는지?

그리고 드넓은 바다와 파도를 상상해보십시오.

붓다의 말

건강이 가장 높은 이득이요,
만족해하는 것은 가장 큰 재상이네.
신뢰받는 사람이 최상의 친족이요,
열반이 최고의 행복이네.
- 《법구경》

오늘 나의 마음 이야기

미 미안합니다 (오늘 하루 잘못한 일)

_____

_____

_____

고 고맙습니다 (오늘 하루 고마운 일)

_____

_____

_____

사 사랑합니다 (오늘 하루 나눈 사랑)

_____

_____

_____

CHECK LIST

정념수행	자비명상	108배	자비경	긍정단어	발원문	보시	선행공덕	맞춤수행	생활명상

20 DAY

오늘의 화두
여행

내가 있던 자리를 벗어나서 잠시 나의 일상과 일을 내려놓고 새로운 것을 경험하게 하는 '여행'. 같은 곳을 여행하더라도 경험하는 사람에 따라 그 내용은 천차만별입니다. 여행의 내용뿐만 아니라 의미도 모두 다르게 다가오지요. 이처럼 모든 여행은 곧 자기만의 여행이 됩니다. 그래서 우리는 늘 여행을 꿈꾸게 되지요.

그러면 세상에서 가장 좋은 여행은 무엇일까요? 비싸고 풍요로운 여행? 자유롭고 재미난 여행? 바로 나를 알아차리는 '수행'이라는 여행입니다. 우리는 모두 부처가 되기 위해 여행 중입니다. 예상치 못한 고난에 부딪히고 뜻하지 않은 행복을 맛보기도 합니다. 이 모두는 우리가 살아 있기에 가능하고, 우리가 수행이라는 여정에 있기에 가능합니다.

잠시 눈을 감고 호흡에 집중해보세요.
들숨 날숨을 바라보며 차근히 살펴보시기 바랍니다.
'지금 나는 어떤 마음의 여행을 하고 있는가?'
'그 여행을 통하여 어떤 깨우침을 얻고 있는가?'

우리 모두는 인생 여행길에 함께 올라선 도반입니다. 혼자이지 않고 함께 걷는 길이기에 힘을 얻고, 숨을 쉬며 살아 있기에 동행할 수 있는 부처님이 되어가는 여정, 오늘도 저는 당신의 여행을 응원합니다.

∿ 붓다의 말

어리석은 사람과 같이 가는 여행은
지루하고 힘들며 고통스럽다.
그러나 현명한 이와의 동행은
좋은 벗과의 만남처럼 즐겁다.
-《법구경》

∿ 오늘 나의 마음 이야기

미 미안합니다 (오늘 하루 잘못한 일)

_____

_____

_____

고 고맙습니다 (오늘 하루 고마운 일)

_____

_____

_____

사 사랑합니다 (오늘 하루 나눈 사랑)

_____

_____

_____

CHECK LIST

정념수행	자비명상	108배	자비경	긍정단어	발원문	보시	선행공덕	맞춤수행	생활명상

21 DAY

오늘의 화두
자존

여러분 모두 '자존'하고 계시지요?

'자존'은 자기의 존재를 뜻합니다. '존재'는 현재에 실제로 있다는 의미이기에 '자존'은 자신이 현재에 실제로 있다는 뜻입니다. 참 어렵고 깊은 뜻이지요. 지금 이 순간 살아 있는 나 자신이라고 할 수 있습니다. 살아 있기에 생각할 수 있고, 말할 수 있고, 행동할 수 있습니다. 무슨 일을 하든 주체는 항상 자기 자신입니다. 누구도 내 삶을 내 인생을 그리고 지금 이 순간을 대신 살아줄 수 없습니다.

눈을 감고 호흡에 집중해봅니다.
숨이 들어오고 나가는 것을 느껴봅니다.

지금 이 순간 숨 쉬고 있는 자신이 느껴지시나요?
지금 이 순간 존재하고 있는 자신을 보고 계신가요?

나는 내 마음의 주인이 되어 생각하고, 말하고, 행동하고 있는지 살펴보시기 바랍니다. 자존은 이 세상에 내가 남기고 가는 발자국입니다. 나는 어떤 발자국을 남기며 살고 있는지 알아차림 하는 하루 되십시오.

～ 붓다의 말

마음은 모든 일의 근본이 되어 주인으로 모든 일 시키나니, 마음속에 악한 생각을 하면 말과 행동 또한 그러하리라. 그 때문에 괴로움은 그를 따르리. 수레를 따르는 수레바퀴 자취처럼.
-《법구경》

～ 오늘 나의 마음 이야기

미 미안합니다 (오늘 하루 잘못한 일)

_____

_____

고 고맙습니다 (오늘 하루 고마운 일)

_____

_____

사 사랑합니다 (오늘 하루 나눈 사랑)

_____

_____

CHECK LIST

정념수행	자비명상	108배	자비경	긍정단어	발원문	보시	선행공덕	맞춤수행	생활명상

관세음보살님은
당신이 원하는 것을 원합니다

일상생활에서 우리는 주변 사람들과 많이 부딪히며 살아갑니다. 그러는 가운데 서로의 단점을 지적하고 고치라는 말을 습관적으로 하게 됩니다. 특히 가족이나 연인처럼 가까운 사이일수록 서로 사랑하기 때문이라면서 변화를 요구하곤 하지요. 하지만 그것은 곧 상처가 되고 싸움이 된다는 사실을 알아야 합니다.

저는 상처를 주고받는 분들에게 다음과 같이 이야기합니다.

"관세음보살님은 당신이 원하는 것을 원합니다."

우리는 힘든 일이 있거나 고민이 있을 때 절이나 교회에 가서 관세음보살님과 하느님을 향해 '이렇게 해주세요' '저렇게 해주세요' 기도를 합니다. 무엇인가를 끊임없이 요구합니다. 하지만 관세음보살님은 우리에게 아무것도 요구하지 않습니다. 다만 관세음보살님은 당신이 진정 원하는 것을 이해하는 자비의 마음을 보내주시지요.

관세음보살님의 사랑과 자비는 그 사람을 바꾸려 하지 않습니다. 또한 그 사람이 내 요구를 들어줄 때만 조건적으로 사랑을 주지도 않습니다. 대신 그 사람의 부족한 점을 있는 그대로 사랑으로 끌어안아 주시지요.

내가 사랑하는 사람에게 상처를 받고 있다면 꼭 한 번 관세음보살님을 떠올려보세요.

혹시 사랑하는 사람에게 내 뜻대로 해주기를 요구하고 있나요? 아니면 관세음보살님처럼 그가 원하는 것을 먼저 들어주고 응원의 마음을 보내주고 있나요? 자신의 마음을 깊이 들여다보면 갈등을 극복하는 방법을 찾을 수 있습니다.

생활 명상 사랑이 담긴 말

나는 평소 얼마나 상대방 말에 짜증 내고 화내는지 살펴봅니다.
하루에 "아니요, 안 돼요" 같은 부정적인 말을 몇 번이나 쓰고 있습니까.
"아니요, 안 돼요"라는 말이 올라올 때
"그럴 수도 있지!" "그래도 이만해서 다행이야"라고 상대에게
공감하는 말을 해보세요

22 DAY

도반

자비명상을 해보겠습니다. 하던 일을 멈추고 눈을 감습니다. 숨을 깊이 들이쉬고 내쉽니다. 지금 내 귀에 들려오는 소리를 들어보십시오. 지금 이 순간 내 몸을 통해 전해지는 느낌이 어떻습니까? 우리는 수많은 사람과 만나고 헤어지며 살아갑니다. 즐거운 만남, 행복한 만남, 슬프고 아픈 만남의 순간을 지나 여기까지 왔습니다. 그중 나를 북돋아 주고 지혜를 준 인연이 있었던가요?

힘들 때 손 내밀어 주고 나의 일을 자기 일처럼 챙겨 주는 인연, 때로는 스승이 되어 나를 따끔하게 가르쳐주는 인연, 이런 인연을 '도반'이라고 합니다. 삶을 하나의 공부라 한다면 도반은 공부의 길을 함께 가는 사람입니다. 지금 이 순간 나의 도반을 떠올리며 감사와 자비의 마음을 보내봅니다.

내 수행의 나침반이 되어준 도반이여!
'당신이 행복하시기를….'
'진정 고통에서 벗어나 행복하시기를….'

나 또한 누군가에게 그런 존재가 되기 위해서는 정진하고 또 정진해야겠지요. 오늘은 인생을 살아가는 동안 나의 마음을 성장시켜 준 사람들을 떠올려봅시다. 부처님을 닮아가는 길에 도반이 되어준 분들께 감사의 마음을 전하는 시간 가져보길 바랍니다.

∽ 붓다의 말

생각이 깊고 총명하고 성실한 지혜로운 도반이 될 친구를 만났거든, 어떤 어려움이 있더라도 극복하고 마음을 놓고 기꺼이 함께 가라. 그러나 생각이 깊고 총명하고 성실한 지혜로운 도반이 될 친구를 못 만났거든, 정복한 나라를 버린 왕처럼, 숲속을 다니는 코끼리처럼 홀로 가라.

-《법구경》

∽ 오늘 나의 마음 이야기

미 미안합니다 (오늘 하루 잘못한 일)

_____

_____

_____

고 고맙습니다 (오늘 하루 고마운 일)

_____

_____

_____

사 사랑합니다 (오늘 하루 나눈 사랑)

_____

_____

_____

CHECK LIST

정념수행	자비명상	108배	자비경	긍정단어	발원문	보시	선행공덕	맞춤수행	생활명상

23 DAY

오늘의 화두
선의

'선의'는 말 그대로 착한 마음이나 좋은 뜻입니다. 이 마음에는 부처님이 말씀하신 자비가 깃들어 있습니다. 불교 수행을 '자리이타'라고 하듯, 결국 선의란 나와 남을 살리는 것입니다.

베풂은 아무런 바람이나 조건이 없는 순수한 마음으로 해야 합니다. 내가 그러한 마음일 때 우주로부터 무한한 자비를 받을 수 있습니다. 선의란 무심한 듯 행할 때 빛을 발합니다. 손톱만큼 작은 꽃봉오리를 피우듯 조금씩 작은 선의를 실천해보세요. 자그마한 패랭이꽃이 산과 들을 뒤덮는 것처럼 당신의 하루하루가 봄날이 될 것입니다.

눈을 감고 숨을 깊이 들이쉬고 내쉽니다.
어제 하루를 떠올리고, 감사했던 일 세 가지를 생각해봅니다.
아주 작고 사소한 것도 좋습니다.
'ㅇㅇㅇ가 감사합니다.'

감사함을 생각하는 지금 이 순간, 마음이 어떠신가요? 감사함을 느낄 때 우리 마음은 놀라운 변화가 일어납니다. 내 안을 밝힐 뿐 아니라 내 주변까지 따뜻하게 하지요. 감사한 마음을 가진 사람은 무언가를 나누어주려 합니다. 나와 다른 사람을 위하는 감사의 마음이 지금 이 순간 행복의 씨앗을 심게 합니다. 착하고 선한 업의 씨앗을 심는 것이죠.

∿ 붓다의 말

연민은 타인을 걱정하는 마음이다. 우리 자신의 경험을 바탕으로 다른 이들의 안녕을 걱정하는 것이다. 다른 이들이 우리에게 애정을 보이고 도움을 줄 때 우리가 행복해하듯이 우리가 타인에게 애정을 가지고 도움을 주려 한다면 그들 또한 기뻐할 것이다.

-달라이 라마

∿ 오늘 나의 마음 이야기

미 미안합니다 (오늘 하루 잘못한 일)

_____

_____

_____

고 고맙습니다 (오늘 하루 고마운 일)

_____

_____

_____

사 사랑합니다 (오늘 하루 나눈 사랑)

_____

_____

_____

CHECK LIST

정념수행	자비명상	108배	자비경	긍정단어	발원문	보시	선행공덕	맞춤수행	생활명상

24 DAY

오늘의 화두
여유

'여유'란 물질적·공간적·시간적으로 넉넉해서 남음이 있는 상태를 말합니다. 느긋하고 차분하게 생각하거나 행동하는 마음의 상태 혹은, 대범하고 너그럽게 일을 처리하는 마음의 상태라고도 합니다. 여유는 넉넉하고 편안한 상태를 뜻하며, 우리는 여유가 있을 때 비로소 우리 자신을 바로 볼 수 있고 주변과도 나눌 수 있습니다. 누구나 가지고 싶은 여유. 그러나 이것 하나는 명심합시다. 여유는 누가 주는 것이 아니라 나 자신이 찾고 만들어가는 것이라는 점을. 여유로움은 비움으로써만 채울 수 있습니다.

숨을 크게 들이쉬고 내쉬며 지금 이 순간에 머물러 보겠습니다.
눈을 감고 온전히 자신의 마음을 바라보는 겁니다.
마음 안에서 어떤 목소리가 들려오나요?
가만히 앉아 있는 이 짧은 시간에도 불안과 초조가 올라옵니다.
가만히 손을 들어 자신의 심장에 가져가봅니다.
손바닥에 전해지는 심장 박동을 느끼며 스스로에게 말해봅니다.

'그래도 괜찮아.'

우리는 살아 있습니다. 그러므로 움직이고 생각하고 감정에 이리저리 휘둘리지요. 마음이 바쁘고 힘들 때일수록 잠시 앉아서 명상하면서 쉼의 시간을 가져보세요. 비워야 채워지고 쉬어야 멀리 갈 수 있습니다.

∽ 붓다의 말

　욕심을 덜어내려는 사람은 마음이 평안하여 아무 걱정이나 두려움이 없고,
하는 일에 여유가 있어 언제나 모자람이 없느니라. 이렇게 욕심이 적은 사람
은 곧 열반을 지니게 된다.

　－《불유교경》

∽ 오늘 나의 마음 이야기

미 미안합니다 (오늘 하루 잘못한 일)

_____

_____

_____

고 고맙습니다 (오늘 하루 고마운 일)

_____

_____

_____

사 사랑합니다 (오늘 하루 나눈 사랑)

_____

_____

_____

CHECK LIST

정념수행	자비명상	108배	자비경	긍정단어	발원문	보시	선행공덕	맞춤수행	생활명상

25 DAY

오늘의 화두
절제

수행에서 '절제'는 매우 중요합니다. 욕심을 조절해 지혜롭고 자비로운 길로 나아가게 하기 때문입니다. 우리는 끊임없이 올라오는 생각과 감정 속에 있기에 스스로를 바르게 세우기가 무척 힘듭니다. 알아차림을 통해 생각과 감정에 끄달리지 않도록 해야 합니다.

　성난 짐승과 같은 욕망이 나의 진실한 모습이 아님을 여실하게 알아차려야 자유로운 인생의 주인으로 설 수 있습니다. 수행자에게 계율이 필요한 이유는 그 때문이며, 반대로 자신의 주체로서 스스로를 경계하고 조심할 때 절제의 수행도 가능하고 인생의 주인공이 될 수 있습니다.

　오늘은 자신을 말 장수라고 생각하고,
　좋은 말을 다루듯 날뛰는 자기 생각과 감정을
　다루는 시간을 가져봅니다.

　어디로 달려나갈지 모르는 마음,
　수백 수천 가지로 뻗어 나가는 생각,
　좋은 것과 싫은 것을 구별하는 감각을 알아차리고
　절제하는 수행 시간이 나를 만들어감을 꼭 기억하세요.
　절제를 통해 마음을 다루는 하루,
　그래서 괜찮은 하루가 되시길 바랍니다.

∽ 붓다의 말

　　지혜로운 수행자가 처음 할 일은
　　감각을 지키고 만족할 줄 알고
　　계율에 따라 절제하고
　　맑고 부지런한 친구와 사귀는 일이다.
　　-《법구경》

∽ 오늘 나의 마음 이야기

미 미안합니다 (오늘 하루 잘못한 일)

_____

_____

고 고맙습니다 (오늘 하루 고마운 일)

_____

_____

사 사랑합니다 (오늘 하루 나눈 사랑)

_____

_____

CHECK LIST

정념수행	자비명상	108배	자비경	긍정단어	발원문	보시	선행공덕	맞춤수행	생활명상

26 DAY

오늘의 화두
행복

우리는 행복을 꿈꿉니다. 그러면 행복은 무엇일까요? 행복이 무언지를 알아야 제대로 느낄 수 있겠지요. 행복이란 '지금 이 순간!' '나에게 있는 모든 것'과 '나에게 일어나는 모든 것'에 만족하는 상태입니다. 내 인생의 주인이 되면 스스로 만족하게 되고, 이 자족감이 행복입니다.

감사함으로 세상을 바라보면 나에게 주어진 모든 것이 소중하고 고맙습니다. 세상엔 영원한 것도 없고, 외부에서 찾을 것도 없습니다. 행복은 먼 미래가 아니라 지금 이 순간에 있습니다. 무상의 법을 깨친다면야 두말할 나위가 없겠지만, 우리의 본성이 행과 불행을 떠난 곳에 있음을 굳건히 믿는다면 삶은 분명히 다른 차원으로 접어들 것입니다.

행복이란 이런 것입니다.

밖으로 뻗는 마음과 생각을 안으로 돌려
마음의 정원을 가꾸는 것.
하나에 하나를 더 보태어 가지려는 욕심을 내려놓고
하나에서 하나를 더 나눌 줄 아는 것.

이것이 우리가 가야 하는 행복의 길입니다.

∿ 붓다의 말

분수에 알맞은 곳에 살고 일찍이 공덕을 쌓고 스스로 바른 서원을 하는 것,
이것이 더없는 행복이다. 존경과 겸손과 만족과 감사와 때로는 가르침을 듣
는 것, 이것이 더 없는 행복이다.

- 《숫타니파타》

∿ 오늘 나의 마음 이야기

미 미안합니다 (오늘 하루 잘못한 일)

_____

_____

_____

고 고맙습니다 (오늘 하루 고마운 일)

_____

_____

_____

사 사랑합니다 (오늘 하루 나눈 사랑)

_____

_____

_____

CHECK LIST

정념수행	자비명상	108배	자비경	긍정단어	발원문	보시	선행공덕	맞춤수행	생활명상

27 DAY

오늘의 화두
해탈

불교에서 '해탈'은 수행을 통해 도달할 수 있는 궁극적인 경지로 인간의 속세적俗世的인 모든 속박에서 벗어나 자유로워지는 상태를 말합니다. 근본적으로 아집我執으로부터의 해방을 의미하지요.

해탈, 참 어렵고 힘들지요? 하지만 부처님을 따르는 수행자로서 나아가야 할 길이기도 합니다. 해탈은 하루아침에 이루어지지 않습니다. 하루하루 바르게 생각하고 바르게 말하고 바르게 행동하는 결과가 쌓이고 쌓여서 '나'라고 하는 고집을 버릴 때 무엇이든 품어줄 수 있는 바다 같은 마음이 됩니다. 바로 그 자리에서 우리는 해탈을 이룰 수 있습니다.

서산 대사의 〈해탈시〉 마지막 구절입니다. 소리 내어 읽으면서 오늘 하루 해탈 한 번 해보십시오. 하루의 해탈이 모여 일생의 해탈이 됩니다.

훤한 대낮이 있으면 깜깜한 밤하늘도 있지 않소.
낮과 밤이 바뀐다고 뭐 다른 게 있겠소?
살다 보면 기쁜 일도 슬픈 일도 있다만은
잠시 대역 연기하는 것일 뿐
슬픈 표정 짓는다고 하여 뭐 달라지는 게 있소.
기쁜 표정 짓는다고 하여 모든 게 기쁜 것만은 아니요.
내 인생, 네 인생 뭐 별거랍니까?
바람처럼 구름처럼 흐르고 불다 보면 멈추기도 하지 않소.
그렇게 사는 겁니다.

∿ 붓다의 말

여러 강물도 바다에 들어가면 모두 짠맛이 되듯이
여러 가지 일을 통해 쌓은 보살의 선행도
중생의 깨달음에 회향 되면 해탈의 한 맛이 된다.
-《보적경》

∿ 오늘 나의 마음 이야기

미 미안합니다 (오늘 하루 잘못한 일)

_____

_____

_____

고 고맙습니다 (오늘 하루 고마운 일)

_____

_____

_____

사 사랑합니다 (오늘 하루 나눈 사랑)

_____

_____

_____

CHECK LIST

정념수행	자비명상	108배	자비경	긍정단어	발원문	보시	선행공덕	맞춤수행	생활명상

28 DAY

순수

'순수'란 불순물이 전혀 섞이지 않은 것으로 심리적 차원으로는 사사로운 욕심이나 못된 생각이 없음을 의미합니다. 그러므로 순수에는 '무아'의 뜻이 깃들어 있습니다. 내 것, 내 고집, 내 욕심, 내 집착을 내려놓을 때 순수에 이를 수 있습니다.

순수함은 수행에 있어서 매우 중요합니다. '나'라고 하는 마음을 내려놓고 닦을 때 그 마음이 맑게 빛날 수 있습니다. 생각, 말, 행동에 어떤 마음이 깃들어 있는가에 따라서 결과가 달라지게 마련인데, 이때 그 마음의 주체가 바로 '순수'입니다. 결과에 집착하지 않고 생각과 말과 행동을 할 때 비로소 이룰 수 있는 것입니다.

욕심과 집착이 없기에
'지금 이 순간'에 집중하고 만족할 수 있습니다.

바꾸려 하지 않고 변화시키려 하지 않고
있는 그대로 알아차리고 받아들이는 것이
바로 '순수'입니다.

내 마음이 어떤 상태인지를 잘 알아차리는 하루 되길 바랍니다. 어떤 마음으로 생각하고 말하고 행동하였는지 알아차리는 시간이야말로 근본을 돌아보는 명상, 순수함으로 돌아가는 명상의 출발점입니다.

～ 붓다의 말

마음은 모든 것의 근본이기 때문에 모든 일은 마음이 그렇게 만든다. 항상 착
하고 순수한 마음을 가지고 말하거나 행동하면 반드시 즐거움이 그를 따른
다. 마치 그림자가 그 주인을 따르듯이.

-《법구경》

～ 오늘 나의 마음 이야기

미 미안합니다 (오늘 하루 잘못한 일)

_____

_____

_____

고 고맙습니다 (오늘 하루 고마운 일)

_____

_____

_____

사 사랑합니다 (오늘 하루 나눈 사랑)

_____

_____

_____

CHECK LIST

정념수행	자비명상	108배	자비경	긍정단어	발원문	보시	선행공덕	맞춤수행	생활명상

강물은 강을 버려야
바다에 이를 수 있습니다

《화엄경華嚴經》에 "나무는 꽃을 버려야 열매를 맺고, 강물은 강을 버려야 바다에 이른다"라는 말씀이 있습니다. 우리 사회에 일어나는 크고 작은 모든 문제의 근원은 욕심과 집착이라고 해도 과언이 아닙니다. 우리는 욕심을 채우면 행복해질 거란 착각 속에서 살고 있습니다. 하지만 욕심은 불행으로 이어집니다. 욕심과 집착은 우리 삶을 불행하게 만들어갑니다.

　버림은 보시입니다. 보시는 나눔이고 나눔의 씨앗은 행복의 열매로 돌아옵니다. 저는 고민을 털어놓는 분들에게 늘 얘기합니다. "구하라! 그럼 불행해질 것이고, 놓아라! 그럼 행복해질 것이다!"

　존경하고 사랑하는 여러분. 떨어지는 저 꽃을 보며 여러분은 무얼 버릴 것입니까? 법정 스님이 쓰신《살아 있는 것은 다 행복하라》에 이런 말이 있습니다.

　"적게 버린 자는 적게 얻을 것이고, 크게 버린 자는 크게 얻을 것이다."

　나무는 꽃을 버리고 강물은 강을 버립니다. 새로운 삶을 살고 싶다면 지금까지의 모든 걸 바꿔야 합니다. 행동도 바꾸고 말도 바꾸고 생각도 바꾸면 새 삶이 시작됩니다. 적게 버린 자는 적게 얻고, 크게 버린 자는 크게 얻을 것입니다.

컵 속의 물을 버려야 새로운 물을 담을 수 있습니다. 손에 쥔 것을 놔야 자유로운 손으로 새로운 것을 쥘 수 있습니다. 그래서 '방하착放下着'이라고 하는 겁니다.

생활 명상 새로운 습관 한 가지 시도하기

새롭게 바꾸고 싶은 습관을 한 가지만 적어보세요.
그리고 변화를 시도하고 노력하고 변화하는
자신의 처음, 중간, 끝을 자세히 잘 살펴보세요.

29 DAY

오늘의 화두
기쁨

흐뭇하고 흡족한 마음이나 느낌을 '기쁨'이라고 합니다. 만족할 때 우리는 기쁨을 느낍니다. 중요한 건, 만족은 타의에 의해서 주어지는 것이 아니라 내 안에서 나 스스로 찾아야 한다는 점입니다.

우리는 각자 다른 환경, 다른 상황, 다른 인연들 속에서 살아가기에 만족을 규정할 수 없습니다. 그러나 이것 하나만은 분명합니다. 자기가 있는 현재의 자리에 만족하고 감사할 때 기쁨은 어김없이 찾아옵니다. 인생의 주인공으로 살아갈 때 기쁨을 느끼게 되는 것은 당연한 우주의 이치이기 때문입니다.

기쁨은 나와 남을 살리는 자비심의 발현입니다. 내가 나를 어떻게 바라보고, 처한 상황을 어떻게 인식하고, 남을 어떻게 대하느냐에 따라 기쁨이 되기도 하고 불만이 쌓이기도 합니다. 외부 세계는 이미 결정된 것이 아니라 나와 세상을 바라보는 '나의 안경'에 따라 정해지는 것입니다.

'나는 나를 어떻게 바라보고 있는가?'
'나는 내 상황을 어떻게 바라보고 있는가?'
'나는 남을 어떻게 대하고 있는가?'

오늘 하루 나는 어떤 안경으로 나와 남과 세상을 바라보는지 살펴보십시오. 그 속에서 나에게 감사한 것, 남에게 감사한 것, 환경에 감사한 것을 찾아보십시오. 그 감사함 속에서 기쁨이 솟아납니다.

～ 붓다의 말

사람이 기쁨과 행복을 얻고자 한다면 모든 생명을 아프게 하거나 해치지 마
라. 살아 있는 것들의 아픔을 없애주고, 죽음에서 살려주는 일을 즐겨 하면
훗날 반드시 행복의 즐거움을 얻을 수 있느니라.
- 《법구경》

～ 오늘 나의 마음 이야기

미 미안합니다 (오늘 하루 잘못한 일)

_____

_____

_____

고 고맙습니다 (오늘 하루 고마운 일)

_____

_____

_____

사 사랑합니다 (오늘 하루 나눈 사랑)

_____

_____

_____

CHECK LIST

정념수행	자비명상	108배	자비경	긍정단어	발원문	보시	선행공덕	맞춤수행	생활명상

30 DAY

오늘의 화두
변화

'변화'는 사물의 성질, 모양, 상태 따위가 바뀌어 달라지는 것입니다. 부처님이 말씀하신 '무상'의 진리이지요. 세상에 변하지 않는 것은 없습니다. 우리가 알아차려야 할 것은 '변화하고 있다'는 사실입니다. 변하지 말라고 애를 써가며 고집하고 욕심낸다면 상처만 남습니다. 물론 그 상처 역시 변하는 것이어서 인연에 따라 치유될 테지만 말이죠. '아! 변화하고 있구나. 변화는 당연한 것이구나'라고 받아들이면 그만큼 마음이 편안해집니다.

변화란 내 안의 생각과 행동의 낡은 틀로부터 한 발짝 떨어져 보는 것입니다. 숲 한가운데 있으면 여기가 어디인지, 어디로 가는지 알 수 없습니다. 숲에서 벗어나 숲 전체를 볼 수 있을 때 가야 할 방향을 찾을 수 있습니다.

변화의 시작은 '알아차림'입니다. 내 안의 고정된 생각과 무심코 했던 말과 행동을 살펴보십시오. 거기에서 가야 할 방향을 찾을 수 있습니다. 묵은 습을 털고 마음을 깨끗이 청소해야 진정으로 원하는 변화와 행복의 길이 보입니다. 오늘은 내가 집착하고 고집하는 것은 무엇인지 살펴봅시다. 그리고 멋지게 변화하는 나 자신의 모습을 그려보시기 바랍니다.

'나는 무엇을 고집하고 있는가.'
'나는 무엇에 집착하고 있는가.'
'내 고집 때문에 변화를 받아들이고 있지 못하는 것은 무엇인가.'
'내 집착 때문에 있는 그대로 알아차림 하지 못하는 것은 무엇인가.'

〜 붓다의 말

    마음은 사람을 그르치기도 하고, 몸을 죽게 만들기도 하고, 아라한도 되게 하
고, 천신도 되게 하고, 사람도 되게 하고, 짐승으로 나게도 하고, 지옥에 있게
도 하고, 아귀도 되게 하니, 형상을 만드는 것은 모두 마음이 이루는 것이다.

    -《아함경》

〜 오늘 나의 마음 이야기

미 미안합니다 (오늘 하루 잘못한 일)

_____

_____

_____

고 고맙습니다 (오늘 하루 고마운 일)

_____

_____

_____

사 사랑합니다 (오늘 하루 나눈 사랑)

_____

_____

_____

CHECK LIST

정념수행	자비명상	108배	자비경	긍정단어	발원문	보시	선행공덕	맞춤수행	생활명상

31 DAY

오늘의 화두
성장

우리는 태어나는 순간부터 '성장'을 시작합니다. 몸과 마음이 자라나는 것이죠. 몸이 자라 변화하는 만큼 마음도 희·노·애·락을 겪으며 성장합니다.

단순히 내 몸과 마음만 자라는 것 같지만 '성장'이란 실상 나와 남을 함께 살리는 수행입니다. 정신적으로 꾸준히 성장하고 닦지 않으면 나도 어리석음에 빠질뿐더러 내 주변 또한 불행하게 만들기 때문이지요. 그렇기에 지혜로운 성장은 나와 남을 살리는 수행이 됩니다.

눈을 감고 숨을 깊이 들이쉬고 내쉽니다.
그리고 생각해봅니다.

'나는 어디에서 왔는가?'

어렸을 적 나를 떠올려보세요. 작디작은 존재가 어느새 이만큼 컸을까요? 몸이 변한만큼 마음도 바뀌었을 겁니다. 고통스럽고 힘든 경험을 통해 고집을 내려놓고 이해하는 법을 배우게 됩니다. '성장'은 그런 것입니다. 숨을 쉬는 매 순간 내 앞에 펼쳐진 상황을 받아들이고 욕심을 내려놓으며, 나만이 아니라 나와 남을 함께 위하는 지혜를 배워나가는 것이지요. 오늘은 알아차림 명상을 통해 얼마나 내 마음이 성장했는지, 내 성장에는 무엇이 부족한지를 바라보는 시간을 가져보세요.

∽ 붓다의 말

신기하여라. 어찌하여 모든 중생이 여래의 지혜를 모두 갖추고 있는가? 그런데 어리석고 미혹하여 알지 못하고 스스로 보지 못하는구나. 그러므로 내가 마땅히 성스러운 진리로써 가르쳐서 자신 속에 여래의 넓고 큰 지혜를 얻게 하리라.
-《화엄경》

∽ 오늘 나의 마음 이야기

미 미안합니다 (오늘 하루 잘못한 일)

_____

_____

_____

고 고맙습니다 (오늘 하루 고마운 일)

_____

_____

_____

사 사랑합니다 (오늘 하루 나눈 사랑)

_____

_____

_____

CHECK LIST

정념수행	자비명상	108배	자비경	긍정단어	발원문	보시	선행공덕	맞춤수행	생활명상

32 DAY

친절

다른 사람을 대하는 태도가 매우 정겹고 고분고분할 때 '친절'하다고 합니다. 그런데 친절은 어디에서 오는 것일까요? 나에게 혹은 상대방에게 베푸는 친절은 '자비심'에서부터 나옵니다. 모든 존재를 자비롭게 바라볼 때 우리는 비로소 친절을 베풀 수 있습니다. 엄격한 청교도적 삶을 살았던 세계적인 대문호 톨스토이는 '친절'이 얽힌 것을 풀고, 곤란한 일을 수월하게 하고, 암담한 것을 즐거움으로 바꾼다고 이야기합니다.

> 우리 주변에는 정말 많은 절이 있습니다.
> 그중에서 가장 좋은 절은 무엇일까요?
> 바로 '친절'입니다.

우스갯소리 같아도 친절만큼 좋은 절이 없습니다. 친절로 가는 길은 아주 쉽습니다. 입가에 살짝 미소를 지으며 상대방을 바라보세요. 그 순간 둘 사이에는 친절이란 꽃이 피어납니다. 곁에 있는 아내, 남편, 자식, 도반의 손을 따뜻하게 잡아주세요. 잡은 손을 통해 복의 씨앗이 심어집니다. 처한 상황에서 내가 할 수 있는 일을 찾는 것 그리고 기꺼이 실천하는 것, 그것이 '친절'입니다.

~ 붓다의 말

말을 솜씨 있게 잘하고 인물이 잘났기 때문에 친절과 존경을 받는 것이 아니요. 시기, 인색, 교활로써는 더욱이나 아니다. 시기, 인색, 교활을 완전히 꺾고 뿌리 뽑았으며 번뇌를 제거한 사람을 가리켜 친절과 존경을 받을 만한 지혜로운 사람이라 부른다.

-《법구경》

~ 오늘 나의 마음 이야기

미 미안합니다 (오늘 하루 잘못한 일)

___

___

___

고 고맙습니다 (오늘 하루 고마운 일)

___

___

___

사 사랑합니다 (오늘 하루 나눈 사랑)

___

___

___

CHECK LIST

정념수행	자비명상	108배	자비경	긍정단어	발원문	보시	선행공덕	맞춤수행	생활명상

33 DAY

사랑

어떤 사람이나 존재를 몹시 아끼고 귀중히 여기는 마음이 사랑입니다. 어떤 사물이나 대상을 아끼고 소중히 여기거나 즐기는 마음도 사랑입니다. 그뿐 아니라 남을 이해하고 돕는 마음도 사랑입니다.

이처럼 너무나 위대한 정신 작용이어서 설명이 불가능한 말이 사랑입니다. 설명할 수 없지만 우리는 사랑을 주고받으며 살아갑니다. 부처님은 나와 똑같이 상대방을 바라보고 이해하는 것이라는 의미의 '자타불이'를 말씀하셨습니다. 사랑의 마음이 곧 자비심이겠지요.

우리가 지금 이 순간 살아 있기에
사랑할 수도 있고 미워할 수도 있습니다.
사랑도 미움도 살아 있는 그 순간에만 할 수 있습니다.

나를 이해해 주기를 바라는 마음으로
상대방을 따뜻하게 안아주고 이해해 보십시오.
너와 나는 둘이 아닌 하나!
똑같은 존재입니다.

먼저 사랑을 줄 때 내 안에도 채워집니다. 사랑은 우리가 하나라는 사실을 알게 하는 마음의 길입니다. 오늘은 '어떤 마음으로 상대방을 대할 것인가' 명상하는 시간 꼭 가져보시기를 바랍니다. 사랑은 밖으로 표현될 때 비로소 빛을 발합니다.

〜 붓다의 말

   부모와 자식, 형과 아우, 남편과 아내, 그리고 친족 간에 항상 서로 아끼고 사랑하라.
   질투하거나 증오하지 말고 안색은 항상 온화하고 따뜻하게 하라.
   설사 서로 멀리 떨어져 있다 해도 항상 걱정하는 마음을 가져라.
   아버지의 사랑은 무덤까지 이어지고 어머니의 사랑은 영원까지 이어진다.
   그러나 진정한 수행자의 사랑은 그 영원까지 뛰어넘는다.
   -《무량수경》

〜 오늘 나의 마음 이야기

미 미안합니다 (오늘 하루 잘못한 일)

_____

_____

_____

고 고맙습니다 (오늘 하루 고마운 일)

_____

_____

_____

사 사랑합니다 (오늘 하루 나눈 사랑)

_____

_____

_____

CHECK LIST

정념수행	자비명상	108배	자비경	긍정단어	발원문	보시	선행공덕	맞춤수행	생활명상

34 DAY

존경

'존경'에는 인격이나 사상, 행위 따위를 받들어 공경한다는 의미가 있습니다. 받들어 공경하는 마음속에는 신(身, 행동)·구(口, 말)·의(意, 마음) 삼업三業에 대한 올바른 이해와 받아들임이 있습니다. 나와 더불어 다른 이의 생각과 말과 행동을 온전히 이해하고 받아들이는 마음이 바로 존경이지요.

존경이란 함부로 여기지 않고 존중하는 마음이지요. 세상 모든 존재는 존재만으로 소중합니다. 내가 소중하고 존중받아야 하듯 남도 똑같이 소중하고 존중받아야 합니다. 나 자신과 다른 사람의 생각, 말, 행동을 얼마나 이해하고 받아들이는지 바라보는 시간을 가져보십시오.

숨을 깊이 들이쉬고 내쉽니다.
공간이 허락한다면 자기 앞에 방석을 하나 놓습니다.
그리고 자기 안의 부처님을 향해 정성스럽게 절을 올립니다.
부처님 법을 따르는 수행자인 자신을 향해
정성으로 두 번째 절을 올립니다.
지금 이 순간 내 인생의 주인공으로 사는 자신을 향해
정성 어린 세 번째 절을 올립니다.

자기 자신에게 삼배를 올린 느낌이 어떠신가요? 자신을 향해 절을 했던 느낌 그대로 다른 사람을 대해보세요. 이것이 자비의 마음이며 '존경'의 발현입니다.

~ 붓다의 말

어른을 존경하고 어진 이를 받들며 가르침을 받으면, 오래 살고 아름다워지며
정신과 육체가 건강해진다.
-《법구경》

~ 오늘 나의 마음 이야기

미 미안합니다 (오늘 하루 잘못한 일)

_____

_____

_____

고 고맙습니다 (오늘 하루 고마운 일)

_____

_____

_____

사 사랑합니다 (오늘 하루 나눈 사랑)

_____

_____

_____

CHECK LIST

정념수행	자비명상	108배	자비경	긍정단어	발원문	보시	선행공덕	맞춤수행	생활명상

35 DAY

오늘의 화두
통찰

예리한 관찰력으로 사물을 꿰뚫어 보고, 온전히 집중하는 마음을 '통찰'이라고 합니다. 그렇다면 무엇에 집중해야 할까요?

　　나 자신을 향한 집중이어야 합니다. 모든 것이 나로부터 시작하기 때문에 나에 대한 온전한 집중과 올바른 집중이 필요합니다. 나를 바르게 보고 알아가는 것, 내면을 알아차림 하는 것, 그것이 바로 통찰이 가진 힘이겠지요. 불교에서는 통찰을 '본성을 자각한다' 혹은 '주인공이 누구인지를 안다'라고 합니다. 지금, 이 순간, 그리고 그 속의 나에게 온전히 집중하십시오. 이 마음 집중이 바로 우리를 현재에 머물도록 합니다.

　　숨을 들이쉬고 내쉬는 순간,
　　마음 안으로 들어왔다 나가는 감정을
　　알아차림 하는 순간
　　우리는 존재합니다.

　　"매 순간 살아 있음을 느끼시나요?"
　　"코를 통해 전해지는 들숨 날숨을 꾸준히 자각하고 있나요?"

우리는 '살아 있음'도 그리고 '들숨과 날숨'에 대한 감각도 항상 놓치고 있습니다. 순간순간 집중하여 흐트러진 마음을 다잡고, 지금 이 순간으로 돌아오는 힘, 그것이 통찰입니다.

～ 붓다의 말

　통찰이 결여된 자에게 집중이란 없으며,
　집중이 결여된 자에게 통찰이란 없다.
　-《법구경》

～ 오늘 나의 마음 이야기

미 미안합니다 (오늘 하루 잘못한 일)

_____

_____

고 고맙습니다 (오늘 하루 고마운 일)

_____

_____

사 사랑합니다 (오늘 하루 나눈 사랑)

_____

_____

CHECK LIST

정념수행	자비명상	108배	자비경	긍정단어	발원문	보시	선행공덕	맞춤수행	생활명상

나만을 위해 살아서는
행복할 수 없습니다

우리가 삶에 만족하지 못하고 스스로에게 실망하는 것은 다른 이와 나를 비교하기 때문입니다. 동료, 친구, 이웃의 삶과 내 삶을 단편적으로 비교한 뒤 '나는 그보다 못한 삶을 살고 있다'라고 자책하는 것이지요.

공원을 산책하며 나무를 살펴보세요. 저 나무가 여기 있기까지 어떠한 원인이 있었을까 생각해보세요. 씨앗, 비, 흙, 나비, 거름, 조경사의 관심… 자세히 들여다보면 이런 하나하나의 원인은 씨앗을 맺어준 부모 나무의 열매, 비를 뿌려준 구름, 흙을 운반해준 트럭, 조경사를 길러준 어머니 등의 또 다른 원인이 필요하다는 사실을 일깨워줍니다.

세상을 이런 방식으로 바라보면, 나무는 홀로 떨어져 존재하는 것이 아니라 우주의 모든 것과 연결되어 있고 서로가 원인이 되어주고 있다는 사실을 깨닫게 됩니다. 애초부터 타인과 자신이 분리되어 있다는 것은 잘못된 관념에 불과합니다. 그래서 티베트의 오래된 스승 샨티데바는 "세상의 모든 행복은 남의 행복을 바라는 마음에서 오고, 세상의 모든 불행은 나만 행복하기를 바라는 마음에서 온다"라고 한 것입니다.

나만을 위해 살아서는 행복할 수 없다는 것을 깨달을 때 다른 모든 존재에 대한 진정한 감사가 우러나옵니다. 차별하고 비교하는 마음을 버리고 타인의 성공과 장점을 기뻐하고 칭찬해줄 수 있습니다. 내 마음이 맑아지면 세상도 그만큼 맑아질 것입니다.

생활 명상 걷기명상 1 : 내가 여기 있기까지

하루에 한 번 이상 홀로 산책하며 명상하는 시간을 갖습니다.
걸으며 나무를 깊이 들여다보고, 내가 여기 있기까지
도움을 준 사람들과 원인에 대해 들여다보는 시간을 갖습니다.
특별히 힘이 되거나 의지가 되어준 고마운 인연이 떠오르면
그 사람이 고통에서 벗어나 행복하기를 바라며 기도해주세요

36 DAY

오늘의 화두
포옹

'포옹'은 '사람끼리 품에 껴안다', '다른 사람을 아량으로 너그럽게 품어주다'라는 의미가 있습니다. 지금 이 순간 살아있으므로 가능한 포옹은 나와 남이 살아 있는 몸으로 행할 수 있는 최고의 선물이자 자비심의 발현입니다. 몸으로 안아주는 것, 마음으로 안아주는 것 모두 포옹입니다. 서로의 심장이 포개지는 포옹은 우리가 사람이기에 가능합니다. 두 팔을 벌려 다른 존재를 품어주는 행위는 행복의 씨앗을 심는 시간이기도 하지요. 오늘은 가족에게, 동료에게, 친구에게, 특히 평소 미움이 있던 사람에게 먼저 다가가 한번 안아주세요.

눈을 감고 숨을 깊이 들이쉽니다.
지금 이 순간, 엄마가 아이를 안아주듯
누군가 나를 따뜻이 안아준다고 느껴봅니다.
들떴던 숨이 차분해지고 불안하던 마음이 평안해지며
한없는 위로를 받는다는 생각과
행복감으로 충만해질 겁니다.

자, 이제 그 품을 벗어나 자비의 마음으로
내가 누군가를 따뜻이 안아준다고 상상해보세요.
내 품에 안은 이가 고통에서 벗어나 행복하기를,
절망과 외로움에서 벗어나 평안하기를 온 마음으로 축원해주세요.

〜 붓다의 말

대지가 만물을 감싸 안아 양육하고 보호하여 길러주듯이, 진정으로 나를 성
숙시켜 주는 벗을 대지와 같은 벗이라 한다. 금산과 같고 대지와 같은 벗을
찾아야 하고, 나 역시 이러한 벗이 되도록 노력하라.
- 《법구경》

〜 오늘 나의 마음 이야기

미 미안합니다 (오늘 하루 잘못한 일)

_____

_____

_____

고 고맙습니다 (오늘 하루 고마운 일)

_____

_____

_____

사 사랑합니다 (오늘 하루 나눈 사랑)

_____

_____

_____

CHECK LIST

정념수행	자비명상	108배	자비경	긍정단어	발원문	보시	선행공덕	맞춤수행	생활명상

37 DAY

오늘의 화두
존중

높여서 귀하게 대한다는 의미의 '존중'. 여기엔 나와 남, 자타의 구별이 없지요. 진심으로 자신을 존중해야만 타인을 존중할 수 있습니다. 타인을 존중하려면 먼저 내면 깊숙한 곳에서부터 자신이라는 존재를 인정해야 하기 때문입니다.

마음속으로만 간직한 존중은 아무런 의미가 없습니다. 생각, 말, 행동이 외부로 표현되고 감정이 전달될 때 상대도 비로소 존중받고 있음을 깨닫게 됩니다. 진정한 수행은 장소와 대상에 따라 차이가 나고 변하는 마음이 아닙니다. 내가 먼저 상대방을 귀하고 여기고 존중하고 감사할 때 나 역시 누군가에게 존중받습니다. 오늘은 내가 먼저 존중하는 마음을 표현하며 행복으로 가는 길을 실천해보시길 바랍니다.

우리는 절에 가서 가장 먼저 삼배를 올립니다. 삼배에는 '불법승 삼보에 귀의합니다'라는 뜻이 담겨 있지요. '귀의'란 상대를 허투루 여기지 않고 존중하는 것을 말합니다.

자, 이제 숨을 깊이 들이쉬고 내쉬어 봅니다.

마음의 창을 통해 귀의하고 싶은 대상을 찾아보세요.
부모님, 남편, 아내, 형제, 은사님, 자녀, 도반들
나와 함께 살아가고 있는 인연들을 떠올리며
어떠한 존중의 생각, 존중의 말, 존중의 행동을
할 것인지 다짐해 보십시오.

～ 붓다의 말

존중하고 겸손하며 만족하고 감사하며
적절한 때에 법을 듣는 것,
이것이 으뜸가는 행복이라네.

-《숫타니파타》, 〈행복경〉

～ 오늘 나의 마음 이야기

미 미안합니다 (오늘 하루 잘못한 일)

_____

_____

_____

고 고맙습니다 (오늘 하루 고마운 일)

_____

_____

_____

사 사랑합니다 (오늘 하루 나눈 사랑)

_____

_____

_____

CHECK LIST

정념수행	자비명상	108배	자비경	긍정단어	발원문	보시	선행공덕	맞춤수행	생활명상

38 DAY

오늘의 화두
상생

'상생'은 둘 이상이 서로 북돋우며 다 같이 잘 살아간다는 뜻입니다. 상생만큼 '대자대비'한 부처님의 마음을 잘 설명하는 말은 없을 겁니다. 상생으로 가고자 할 때 우리는 신구의 삼업을 잘 닦아야 합니다.

불교는 자비와 지혜를 수행하는 종교입니다. 자비란, 자애와 연민이 합쳐진 의미입니다. 자애는 뭇 생명이 행복하기를, 연민은 고통에서 벗어나기를 바라는 마음입니다. 자비는 나 혼자만의 행복이 아니라 너와 나 모두가 행복해지는 '상생'입니다. 상생은 하나의 양초가 다른 양초에 불을 나누어도 자신의 불이 사라지거나 손상되지 않는 이치와 같습니다. 오히려 서로의 촛불로 어둠을 더 환하게 밝힙니다. 오늘도 내 안을 밝히며 다른 사람의 초에도 행복의 불을 밝혀주길 바랍니다.

숨을 깊이 들이쉬고 내쉽니다.
눈을 감고 호흡에 집중하세요.
너와 내가 모두 행복하기를 바라는
상생의 마음, 자비의 마음을 담아 읊조려보세요.
'나는 나와 당신이 행복하기를 바랍니다.'
'나는 나와 당신이 고통에서 벗어나 행복하기를 바랍니다.'
'나는 나와 당신이 진정으로 행복하기를 바랍니다.'
내 마음의 촛불이 상대의 마음에 전해지는 모습을 상상해봅니다.

～ 붓다의 말

> 은혜로 베풀라.
> 부드럽게 말을 건네라.
> 이롭게 행동하라.
> 행동을 함께하라.
> 그러면 대중들은 그대의 편이 되리라.
> -《중아함경》

～ 오늘 나의 마음 이야기

미 미안합니다 (오늘 하루 잘못한 일)

_____

_____

_____

고 고맙습니다 (오늘 하루 고마운 일)

_____

_____

_____

사 사랑합니다 (오늘 하루 나눈 사랑)

_____

_____

_____

CHECK LIST

정념수행	자비명상	108배	자비경	긍정단어	발원문	보시	선행공덕	맞춤수행	생활명상

39 DAY

오늘의 화두

어울림

'어울림'은 연기된 세상에서의 조화를 의미합니다. 여러분은 나 자신과 더불어 나의 주변과 잘 어울리고 있나요? 어울리기 힘들어서 상처받고 아파하지는 않나요? 어울림의 문은 내가 먼저 좋은 생각. 좋은 말. 좋은 행동을 함으로써 열립니다.

거울을 보고 가만히 내 얼굴을 바라보면 어딘가 낯섭니다. 하지만 빙그레 웃으면 거울 속의 나도 따라 웃습니다. 이것이 바로 어울림의 법칙입니다. 타인의 눈에 비친 '나'는 내가 처음 거울 속에 비친 낯선 모습일까요? 아니면 지금처럼 미소 짓는 모습일까요? 어울림은 나와 상대방이 서로 마주 보는 것입니다. 거울 속 나를 대하듯, 미소 한 번 '싱긋' 지으면 너와 나의 관계에도 꽃이 피어납니다.

가만히 거울 속에 비친 자신의 모습을 바라봅니다.
호흡에 집중하며 거울 속에 비친 내 모습을 바라보세요.
평소 나라고 생각했던 나와 거울 속에 비친 나.
낯설고 어색하지요?
이제 거울 속 나에게 미소를 지어보세요.
내가 진정으로 행복하기를 바라는 자비의 마음을 담아
'싱긋' 웃어보세요.

거울 속의 웃는 나처럼, 오늘 만나는 사람마다 눈을 마주치고 조용히 웃어보세요. 그들도 조용히 따라 웃을 것입니다.

∿ 붓다의 말

행복은 붓다의 나타남이다.
행복은 성현의 다르마가 설해지는 것이다.
행복은 승가의 화합이다.
행복은 조화롭게 이러한 것들을 실천하는 것이다.
-《법구경》

∿ 오늘 나의 마음 이야기

미 미안합니다 (오늘 하루 잘못한 일)

고 고맙습니다 (오늘 하루 고마운 일)

사 사랑합니다 (오늘 하루 나눈 사랑)

CHECK LIST

정념수행	자비명상	108배	자비경	긍정단어	발원문	보시	선행공덕	맞춤수행	생활명상

40 DAY

오늘의 화두
인내

인생을 살아가자면 많은 '인내'가 필요합니다. 끝없는 괴로움과 어려움을 만나기 때문입니다. 하지만 어떻게 인내하느냐에 따라 삶의 지혜와 수행의 마음을 배우게 되는 것도 인생입니다.

대상을 보면 우리 마음에서는 감정이 올라옵니다. 좋기도 하고 싫기도 하고, 화가 나기도 하고 예쁘게 보이기도 합니다. 인내란 이러한 감정의 파도를 묵묵히 알아차리고 살피는 마음입니다.

순간순간 흘러가 버리는 감정의 파도지만
밀려올 때는 그 감정이 마치 나인 듯 여겨지지요.
감정의 파도를 타며 우리는 대상을 탓하고
그로 인해 힘들다고 합니다.
가만히 가만히 바라보세요.
파도는 일어났다 사라졌다 하며 흘러갑니다.

내 마음에 어떤 감정이 일어날 때, 크게 심호흡을 하고 일어난 감정을 바라보는 시간이 바로 인내하는 시간입니다. 그 인내의 알아차림이 내 삶을 조금 더 지혜롭고 자비롭게 만들어줄 것입니다. 오늘도 '잠깐 멈춤'하고, 일어났다 사라지는 감정의 파도를 바라봄으로써 지금 이 순간의 변화를 알아차리는 인내의 시간 가지시길 바랍니다.

〜 붓다의 말

　　사람은 대개 강한 사람의 무례한 말은 두려움 때문에 참고, 동등한 위치에 있
　　는 사람으로부터의 무례한 말은 논쟁을 피하기 위해 참는다. 그러나 아랫사
　　람으로부터의 무례함을 참을성 있게 견디는 것이야말로 진정한 인내이다.
　　－《본생담》

〜 오늘 나의 마음 이야기

미 미안합니다 (오늘 하루 잘못한 일)
_____

_____

_____

고 고맙습니다 (오늘 하루 고마운 일)
_____

_____

_____

사 사랑합니다 (오늘 하루 나눈 사랑)
_____

_____

_____

CHECK LIST

정념수행	자비명상	108배	자비경	긍정단어	발원문	보시	선행공덕	맞춤수행	생활명상

41 DAY

자유

자유! 듣기만 해도 설레고 꿈꾸게 되는 말. 여러분은 얼마나 자유로우신가요? 자유란 걸림이 없는 상태를 이릅니다. 생각이나 감정에 계속 붙들려 있다면 자유롭지 않겠지요.

자유란 지금 이 순간에 온전히 집중하는 것입니다. 집중을 통해 내가 무엇에 묶여 있는지 알아차릴 수 있습니다. 우리는 고정화된 관념과 내가 맞다는 고집으로 살아갑니다. 자유는 이로부터의 벗어남이지요.

옛 스님들은 묵은 습을 거듭거듭 털고 일어나야 한다고 하셨습니다. 자유를 화두로 삼고 나는 무엇에 갇혀 있을지, 알아차림 하며 적어보시기 바랍니다.

'나는 무엇에 갇혀 있을까?'

사회적 지위, 돈, 건강 등 화와 질투를 불러일으키는 것들이 보입니까? 하나씩 알아차린 것을 적다 보면 지금 이 순간의 나를 알 수 있습니다. 지금 이 순간의 나를 알게 되면 내가 붙잡고 있는 생각과 감정들에서 한 발짝 물러날 수 있지요. 이것이 바로 부처님이 말씀하신 '참 자유'입니다. 생각해봅시다.

'나는 나로부터 자유로운가?'

〰 붓다의 말

청정한 믿음을 가진 사람은
마음이 자유롭고
지혜로운 사람은
앓으로부터 자유롭다.
-《잡아함경》

〰 오늘 나의 마음 이야기

미 미안합니다 (오늘 하루 잘못한 일)

_____

_____

_____

고 고맙습니다 (오늘 하루 고마운 일)

_____

_____

_____

사 사랑합니다 (오늘 하루 나눈 사랑)

_____

_____

_____

CHECK LIST

정념수행	자비명상	108배	자비경	긍정단어	발원문	보시	선행공덕	맞춤수행	생활명상

42 DAY

쾌활

철학자 윌리엄 제임스는 '이미 유쾌한 것처럼 행동하고 말하는 것이 유쾌해지는 방법'이라고 말했지요. 의도적으로라도 무겁고 불쾌한 감정들을 날려버리고 긍정적인 마인드를 갖도록 합시다. 쾌활한 정신 상태는 타인을 위한 것이 아니라 나 자신을 위한 것입니다. 물론 나의 유쾌한 표정이 세상의 빛이 되겠지만 말입니다.

눈을 감고 숨을 깊이 들이쉬고 내쉽니다.
마음에 무거움으로 남아 있는 문제들을 떠올려봅니다.
걱정. 근심. 불안. 화. 고민 등
내 마음을 무겁게 하고 나를 웃지 못하게 하는 감정들
'이것만큼은 꼭 이루어야 해' 하는 욕심들
그 감정들과 욕심을 풍선에 가득 불어 넣는다고 상상하세요.
그리고 가만히 손에 쥐고 바라봅니다.
'내 마음이 이 감정으로 인해 무거웠구나.'
'내가 이런 마음을 품었구나.'
이제 풍선을 하늘로 날려 보내겠습니다.
걱정 근심아, 미움아, 잘 가렴!

무거운 감정과 욕심을 담은 풍선을 날려 보내니 기분이 어떠신가요? 한결 가볍고 밝아졌지요. 오늘은 홀가분하게 날려버리는 연습을 통해 밝고 가볍고 환하게 웃으며 살아갈 수 있는 쾌활한 하루 보내시기를 바랍니다.

∽ 붓다의 말

착한 사람은 본래 욕심을 버려
가는 곳마다 편안하고 명랑하다.
즐거움이나 괴로움을 당할지라도
기뻐하거나 슬퍼하지 않는다.
-《법구경》

∽ 오늘 나의 마음 이야기

미 미안합니다 (오늘 하루 잘못한 일)
_____
_____
_____

고 고맙습니다 (오늘 하루 고마운 일)
_____
_____
_____

사 사랑합니다 (오늘 하루 나눈 사랑)
_____
_____
_____

CHECK LIST

정념수행	자비명상	108배	자비경	긍정단어	발원문	보시	선행공덕	맞춤수행	생활명상

고통은 깨달음의 본질입니다

누구나 모든 것이 버겁고 괴로울 때가 있습니다. 해결하려고 애를 쓸수록 상황이 더 꼬이기도 합니다. 이것은 괴로움 그 자체 때문이 아니라 괴로움을 거부하고 부정하는 반응 때문에 생겨나는 것이지요. 괴로움 그 자체를 받아들이세요. 시간이 지나면 그 고통 역시 지나갑니다. 하지만 그 고통을 거부하거나 고통을 없애려고 애를 쓸수록 그 노력은 2차, 3차 고통을 키워나가게 됩니다.

　미얀마의 우 조티카 스님은 "나는 괴로움을 깊이 이해하고자 합니다. 나는 그 괴로움에 저항하지 않습니다"라고 말씀하셨습니다. 괴로움을 대하는 자세의 중요성을 강조하신 것이지요. 우리에게 견디기 어렵고 없애고 싶은 괴로움이 찾아왔을 때, 저항하려는 마음에 푹 빠지기 전에 스스로 알아차리는 것이 중요합니다.

　자신의 괴로움을 깨닫고 받아들일 때, 비로소 한 걸음 떨어져 현상을 있는 그대로 살펴볼 수 있습니다. 그때 자연스럽게 나의 행동이 어떤 결과를 가져올지도 이해하게 됩니다. 그러고 나면 그 상황을 평화와 기쁨, 해탈로 바꿀 수 있는 행동이 무엇인지 깨닫게 됩니다.

　부처님은 모든 것이 괴로움이라고 하셨습니다. 하지만 괴로움이 곧 열반의 거름이고 본질이라고도 하셨지요. 괴로움은 부처님이 해탈을 얻는 데 사용한 방편인 동시에 우리가 자유를 얻기 위한 방편인 것입니다.

생활 명상 받아들임 명상

화가 나거나 괴로운 일이 생겼을 때,
상황을 있는 그대로 바라보고 받아들이는 연습을 해봅니다.
이 명상을 통해 자연스럽게 상황이 이해가 될 것입니다.
이해가 되면 사랑할 수 있습니다.

43 DAY

오늘의 화두
포용

'포용'이란 남을 너그럽게 감싸주거나 받아들인다는 의미입니다. 그동안 얼마나 나 자신과 주위 사람들에게 너그러웠나요? 포용이라고 하면 떠오르는 분이 '대자대비 관세음보살님'이시지요. 모든 것을 따뜻하게 안아주실 것 같은 중생의 어머니!

눈을 감고 숨을 깊이 들이쉬고 내쉽니다.
나로 인해 다른 사람이 아프지는 않았는지
소중한 존재임에도 편하다는 이유로
더욱 매서운 칼날을 휘두르지는 않았는지 떠올려봅니다.
감정을 이기지 못해 내뱉은 말과 무심결에 한 행동으로
나와 상대방을 아프고 힘들게 했던 일들.

어떤 말도 필요 없는 시간입니다.
이제 따뜻하게 그들을 안아줍니다.
관세음보살님이 되어 따뜻한 자비의 마음으로 안아주는 겁니다.

우리 모두는 불선업(不善業, 자신과 남에게 해가 되는 말과 행동)을 짓고 삽니다. 그러므로 수행을 통해 깨어 있어야 합니다. 불선업을 변화시키는 힘은 참회입니다. 아프고 힘들게 했던 사람을 따뜻하게 안아주는 것이 참회의 마음입니다. 그것은 다시 포용의 마음이고 관세음보살님의 마음입니다.

∿ 붓다의 말

대지와 같이 너그럽고 문지방처럼 의무를 다하고
흙탕이 없는 호수처럼 맑은 그 같은 사람에게 윤회는 없다.
바른 지혜로 깨달음을 절대 평화에 이른 사람은
마음이 잔잔하게 가라앉고 말과 행동도 고요하다.
- 《법구경》

∿ 오늘 나의 마음 이야기

미 미안합니다 (오늘 하루 잘못한 일)

_____

_____

_____

고 고맙습니다 (오늘 하루 고마운 일)

_____

_____

_____

사 사랑합니다 (오늘 하루 나눈 사랑)

_____

_____

_____

CHECK LIST

정념수행	자비명상	108배	자비경	긍정단어	발원문	보시	선행공덕	맞춤수행	생활명상

44 DAY

오늘의 화두
도전

어려운 일이 닥치면 어떻게 하시나요? 정면으로 맞서나요, 아니면 회피하나요? 어떤 일들은 뚫고 나가는 게 쉽지 않습니다. 수행에서 도전이란 장애를 뛰어넘어 나아가는 정진입니다. 바로 자신의 한계를 부수는 것이죠.

숨을 깊이 들이쉬고 내쉽니다.
오늘 아침 우리는 눈을 떴습니다.
죽지 않고 살아 있기에
이렇게 숨을 쉬고 웃을 수도 있습니다.
내일을 어느 누가 장담할까요?

어제 죽은 사람에게 오늘은 넘을 수 없었던 장벽이었습니다. 기적 같은 오늘 나의 마음 이야기를 어떻게 보낼지 생각해봅니다. 인생의 주인공으로 살 것인지, 엑스트라로 살 것인지.

그리고 평소 마음에만 품고 하지 못한 일들을 떠올려봅니다. 나 자신에 막혀서 한 발자국도 나아가지 못했던 일. 한계를 미리 정해놓고 주저하며 못했던 일. 오늘은 '기회가 되면 다음에 해야지'라고 미뤘던 일들을 '까짓것'이라는 마음으로 해보는 겁니다. 백천간두 진일보! 그 한 발 내딛는 용기가 틀을 깨버리고 고정된 관념을 부술 것입니다.

∼ 붓다의 말

뜻대로 안 된다고 너무 근심하지 말며
마음이 유쾌하다고 너무 기뻐하지도 말라.
오랫동안 무사하다고 너무 믿지 말 것이며
처음 맡는 어려움을 꺼리지 말라.
첫 난관만 돌파하면 그다음은 오히려 쉬워지는 법이다.
- 《법구경》

∼ 오늘 나의 마음 이야기

미 미안합니다 (오늘 하루 잘못한 일)

고 고맙습니다 (오늘 하루 고마운 일)

사 사랑합니다 (오늘 하루 나눈 사랑)

CHECK LIST

정념수행	자비명상	108배	자비경	긍정단어	발원문	보시	선행공덕	맞춤수행	생활명상

오늘의 화두

성실

'성실'은 정성스럽고 참되다는 의미이고, '참되다'에는 진실하고 올바르다는 뜻이 있으니 성실은 정성스럽고 진실하며 올바른 마음을 일컫는 것이 됩니다. 우리는 흔히 기도나 수행을 성실하고 정성스러워야 한다고 이야기합니다. 올바른 마음을 꾸준히 유지하고 닦아 나가는 것이 참으로 어렵기에 이르는 말이겠지요.

눈을 감고 숨을 깊이 들이쉬고 내쉽니다.
지금 이 순간 나의 생각, 말, 행동을 찬찬히 살펴봅니다.
어떤 생각을 골똘히 하고,
어떤 말과 행동을 자주 했는지.
의식하지 못한 채 생각하고, 말하고, 행동하던 것을
한 발짝 떨어져 바라봅니다.
마치 무대 위 배우를 바라보는 관객이 되어 자신을 바라봅니다.

자신이 짓는 업을 바르게 바로 볼 수 있음이 '지혜'이지요. 부처님은 《대반열반경》에서 "모든 것은 스러진다. 게으르지 말고 힘껏 살아가라"라고 말씀하셨습니다. 한정된 시간 속에 살고 있기에 늘 어떤 업이 쌓이는지를 바르게 알아차리며 한결같게 바르게 쌓이도록 노력해야 합니다. 이것이 바로 '수행'이고 '명상'입니다. 수행자는 생각, 말, 행동을 꾸준히 닦아가는 사람이지요. 수행이 성실할 때 비로소 깨달음의 열매가 열리게 됩니다.

∾ 붓다의 말

　　깊은 신앙심을 가지고 가정생활을 하는 사람에게
　　성실과 자제와 인내와 베풂,
　　이 네 가지 덕이 있으면
　　그는 저 세상에 가서도 걱정이 없을 것이다.
　　-《숫타니파타》

∾ 오늘 나의 마음 이야기

미 미안합니다 (오늘 하루 잘못한 일)

_____

_____

_____

고 고맙습니다 (오늘 하루 고마운 일)

_____

_____

_____

사 사랑합니다 (오늘 하루 나눈 사랑)

_____

_____

_____

CHECK LIST

정념수행	자비명상	108배	자비경	긍정단어	발원문	보시	선행공덕	맞춤수행	생활명상

46 DAY

오늘의 화두
열정

열정은 무언가를 하게 하는 실천행의 힘이 있습니다. '반죽을 더욱 단단하게 하는 불과 같은 것'이 열정이라고 작가 조지 엘리엇은 정의했습니다. 그렇습니다. 아무리 좋은 재료가 있더라도 열정이라는 불이 없으면 좋은 음식을 만들 수 없습니다. 그렇다고 열정에 너무 집착해서는 안 됩니다. 매사에 집착 없이 최선을 다하다 보면 모든 일이 순리대로 흘러가게 됩니다.

부처님은 몸소
깨달음의 길을 열어 보이셨습니다.
수행에 불을 지피는 '열정'이 있었기에 가능한 길입니다.

수행자에게 가장 필요하다고 할 수 있는 '신심'은
깨달음을 구하고자 하는 열정입니다.

정진에 앞서 우리는 우리를 힘들게 하고 고통스럽게 하는 사람이 바로 열정을 위한 선지식임을 알아야 합니다. 열정의 불을 지펴 정진하도록 일깨워주는 사람이지요. 다가오는 아픔, 고통, 화를 무시하거나 끄달리지 말고 마음공부의 좋은 밑거름으로 사용해보시기 바랍니다.

　　내 인생에 다시없을 오늘 나의 마음 이야기를 어떻게 보내고 싶으신가요? 그냥 되는 대로 흘려보내고 싶으신가요? 아니면 온 힘을 다해 열정적으로 살아보고 싶으신가요? 선택은 자신에게 달려있습니다.

∿ 붓다의 말

열정을 정복하여 무릎을 꿇은 적 없고
이 세상에서 그에게 정복되지 않는 열정은 없네.
그처럼 아무도 가지 않은 길을 가는 부처님,
어떤 길로 그분을 뒤쫓을 수 있으랴.
-《법구경》

∿ 오늘 나의 마음 이야기

미 미안합니다 (오늘 하루 잘못한 일)

_____

_____

_____

고 고맙습니다 (오늘 하루 고마운 일)

_____

_____

_____

사 사랑합니다 (오늘 하루 나눈 사랑)

_____

_____

_____

CHECK LIST

정념수행	자비명상	108배	자비경	긍정단어	발원문	보시	선행공덕	맞춤수행	생활명상

47 DAY

믿음

'믿음'이란 어떤 사실이나 사람을 믿는 마음, 혹은 종교 대상에 대한 신자의 태도로서 두려워하고 경건히 여기며, 자비·사랑·의뢰심을 갖는 마음입니다. 믿음은 나와 똑같이 상대를 인정하고 존중하는 마음이라고 할 수도 있습니다. 나와 똑같이 그 사람도 고통받고 있구나! 나와 똑같이 그 사람도 행복을 찾고 있구나! 그러므로 믿음은 거울입니다. 어머니가 외아들을 보듬듯이 언제 어디서나 모든 사람을 보듬을 수 있는 믿음의 거울이 되도록 노력해 봅니다.

> 수행 생활에서 근본이 되는 것이 믿음입니다.
> 눈을 감고 나 자신에게 물어봅니다.
>
> '나는 얼마나 믿음이 있는가?'
> '아무런 의심과 사견 없이 믿고 있는가?
> 아니면, 내 생각을 고집하기 위해 믿고 있는가?'

나그네의 길에선 길라잡이가 좋은 벗이듯 우리 살아가는 길엔 '믿음'이 좋은 동무입니다. 부처님에 대한 믿음, 가족에 대한 믿음, 도반에 대한 믿음, 자식에 대한 믿음. 어느 한쪽으로 기울어짐 없이 서로를 북돋아 주고 살리는 것이 '믿음'입니다.

∿ 붓다의 말

믿음은 도道의 으뜸이요, 공덕의 어머니이다.
신심은 일체 행의 우두머리가 되고, 모든 덕의 근본이 된다.
진리의 바다에 들어감에 있어서는, 믿음이 근본이 되고
생사生死의 강을 건넘에 있어서는, 계戒의 뗏목이 된다.
- 《법구경》

∿ 오늘 나의 마음 이야기

미 미안합니다 (오늘 하루 잘못한 일)

_____

_____

_____

고 고맙습니다 (오늘 하루 고마운 일)

_____

_____

_____

사 사랑합니다 (오늘 하루 나눈 사랑)

_____

_____

_____

CHECK LIST

정념수행	자비명상	108배	자비경	긍정단어	발원문	보시	선행공덕	맞춤수행	생활명상

48 DAY

오늘의 화두
중용

'중용'은 지나치거나 모자라지 않고 한쪽으로 치우치지도 않으며 떳떳하고
변함없는 상태를 이릅니다. 마치 저울이 양쪽으로 움직이더라도 추가 중
심을 잡기에 균형 있게 움직이는 이치와 같지요.

> 눈을 감고 호흡에 집중하며
> 마음의 소리에 귀 기울여보세요.
> 지금 이 순간
> 나의 마음은 어느 쪽으로 기울어 있는지 살펴봅니다.
> 중용은 나에게 일어나는 상황에 집중하는 것이 아니라
> 그 상황을 받아들이는 나의 마음 상태를
> 명확하게 바라보는 것입니다.
> 있는 그대로 바라보고, 알아차림 하는 것이지요.

슬픔도 기쁨도, 사랑도 미움도, 아픔도 희망도, 싫고 좋음도 모두 주인공인
나 자신이 만드는 겁니다. 한쪽으로 치우친 감정을 나라고 착각하지 말고
한 발짝 떨어져 흘러가는 감정을 바라보는 태도가 필요합니다. 파도치듯
상황과 감정은 늘 들고 나며 올라왔다 내려갑니다. 그 파도를 바라보는 힘
이 중용입니다. 마음의 중심에 힘을 모아서 저울의 추처럼 양쪽으로 왔다
갔다 하는 마음과 감정을 알아차리는 시간 꼭 가져보시기 바랍니다.

～ 붓다의 말

세상일에 부딪혀도
마음이 흔들리지 않으며
걱정이나 티 없이 오롯이 평온한 것
이것이 더 없는 기꺼움이다.
-《법구경》

～ 오늘 나의 마음 이야기

미 미안합니다 (오늘 하루 잘못한 일)

_____

_____

_____

고 고맙습니다 (오늘 하루 고마운 일)

_____

_____

_____

사 사랑합니다 (오늘 하루 나눈 사랑)

_____

_____

_____

CHECK LIST

정념수행	자비명상	108배	자비경	긍정단어	발원문	보시	선행공덕	맞춤수행	생활명상

49 DAY

오늘의 화두
보람

어떤 일의 결과가 매우 좋아서 자랑스러움과 자부심이 생길 만큼 만족스러울 때 우리는 '보람'을 느낍니다. 결과가 좋으면 정말 마음이 뿌듯해집니다. 여러분은 언제 보람을 느끼나요? 지금 하는 일에 성실히 임할 때인가요, 아니면 다른 사람을 위해 좋은 일을 할 때인가요?

보람이라는 열매는 정견(올바로 보는 것), 정어(올바로 말하는 것), 정업(올바로 행동하는 것), 정근(올바로 부지런히 노력하는 것)이라는 씨앗에서 나옵니다.

보람은 좋은 행의 씨앗을 심었을 때 오는 마음의 결과입니다. 나쁜 행을 하면서 보람을 느낄 수는 없는 법이지요. 부처님은 《법구경》에서 "보기에는 예쁘고 사랑스러운 꽃이 빛깔만 곱고 향기가 없듯 아무리 훌륭하고 아름다운 말도 행하지 않으면 그 보람은 없다"라고 말씀하셨습니다. 매 순간 내가 어떤 생각과 말과 행동을 하는지 살펴야 하는 이유가 여기에 있습니다.

지금 나는 어떤 선업 공덕의 씨앗을 심고 있는지,
나와 남을 이롭게 하는 씨앗을 심고 있는지,
자비의 마음을 실천할 수 있는 씨앗을 심고 있는지
살펴보아야 합니다.
자비의 씨앗 심기를 실천해갈 때 보람이 따라오는 것입니다.

여러분은 오늘 어떤 씨앗을 심을 계획인가요?

～ 붓다의 말

나쁜 마음으로 말하거나 행동하는 사람에게는
괴로움이 늘 따라다닌다.
깨끗한 마음으로 말하거나 행동하는 사람에게는
행복과 보람이 늘 따라다닌다.
-《법구경》

～ 오늘 나의 마음 이야기

미 미안합니다 (오늘 하루 잘못한 일)

_____

_____

_____

고 고맙습니다 (오늘 하루 고마운 일)

_____

_____

_____

사 사랑합니다 (오늘 하루 나눈 사랑)

_____

_____

_____

CHECK LIST

정념수행	자비명상	108배	자비경	긍정단어	발원문	보시	선행공덕	맞춤수행	생활명상

문제없는 인생은 없습니다

안경이 더러우면 세상도 뿌옇게 보입니다. 안경을 닦아야 합니다. 우리는 '제 눈에 안경'으로 세상을 보고 이렇다 저렇다 판단합니다. 명상은 그런 판단을 하는 자신을 알아차리는 것입니다. 누군가 '고집 센 놈'이라는 생각이 든다면 이런 생각이 드는 '나는 더 고집 센 놈이 아닌가?'하고 한 번쯤 자신을 들여다보십시오. 이를 회광반조回光返照라고 합니다. 외부 대상에서 자기 자신으로 관심을 돌려 지금의 나를 보는 것을 말합니다.

우리는 흔히 상대방에게 "이렇게 해!"라고 주문합니다. 수행은 그런 나 자신을 바꾸는 것입니다. 문제없는 인생은 없습니다. 인생이 괴로운 것은 문제를 잘못 풀기 때문입니다. 그래서 우리는 도망을 칩니다. 하지만 문제를 풀지 않고는 절대 행복해지지 않습니다. "사람이니 그럴 수도 있지!"라고 이해하며 기도하세요. 문제가 저절로 풀립니다. 우리의 궁극 목적은 부처님을 믿는 데 있지 않고, 스스로 부처님이 되는 데 있습니다. 따지고 보면 이 세상의 모든 사람은 완성되지 않은 부처님입니다. 부처님 앞에 서서 '저 부처님은 못생

겼다'라고 생각하는 이는 없을 것입니다. 부처님은 존귀하기 때문입니다. 이 세상의 모든 존재는 부처님처럼 존귀합니다. 그러니 나에게도, 다른 사람에게도 부처님 대우를 해주세요. 나의 문제보다 긍정적인 면을 찾아내고, 타인의 문제보다 긍정적인 모습을 발견해주세요. 인생에서 가장 좋은 공부는 나 자신이 누구인지 알아가는 것입니다. 그리고 인생에서 가장 좋은 스승은 바로 나 자신입니다.

생활 명상 미운 사람을 위해 촛불 켜기

미워하는 사람을 위해 촛불을 켜고 기도를 해보세요.
가까운 사찰에 가서 그 사람의 이름으로 연등을 달아도 좋습니다.
초에 그의 이름을 새겨 방에서 켜도 좋습니다.
촛불을 바라보며 이렇게 읽어보세요.

"당신도 나와 똑같이 슬픔과 외로움과 절망을 겪는다는 것을 알고 있습니다.
당신도 나와 똑같이 괴로움에서 벗어나고 싶습니다.
당신도 나와 똑같이 실패를 통해 배우고 있습니다.
당신이 근심과 고통에서 벗어나 진정으로 행복하길 바랍니다."

50 DAY

오늘의 화두
성찰

우리의 시선은 늘 밖을 향해 있습니다. 일어난 상황과 다른 사람을 바라보고 있습니다. 성찰은 그 시선을 내 마음으로 돌리는 것입니다. 내 안에서 일어나는 상태를 바르게 알아차림 하는 것입니다.

　　자신이 한 일을 깊이 되돌아보는 일이 '성찰'입니다. 생각, 말, 행동을 늘 살피고 닦는 수행이 곧 성찰입니다. 성찰을 통해 이루어지는 것은 '참회'와 '지혜'입니다. '알면 보인다'라는 말이 있지요? 순간순간 말과 행동을 멈추고 살펴보십시오.

　　'지금 내가 무슨 생각을 하고 있는가?'
　　'지금 내가 무슨 말을 하고 있는가?'
　　'지금 내가 무슨 행동을 하고 있는가?'

생각과 말과 행동 중 바르지 않았던 것, 나와 다른 이를 아프게 한 것에 용서를 구하는 것이 '참회'이며, 앞으로 그 생각과 말과 행동을 삼가야겠다는 결심이 지혜입니다. 우리는 매일매일 이기적인 욕심과 집착과 어리석음으로 인해 업을 짓습니다. 그 업들이 쌓여 본래의 '불성'을 여실하게 볼 수 없도록 막고 있지요.

　　성찰은 마음 거울을 닦는 수행입니다. 나를 살피는 것이지요. 살피고 참회하고 지혜롭게 살다 보면 어느새 거울을 덮은 때가 벗겨져 본래의 나를 비추게 될 것입니다.

〜 붓다의 말

　　100년을 살더라도 지혜와 자기 통제가 없다면,
　　지혜로우며 성찰하는 단 하루의 삶이 더 나으리.
　　-《법구경》

〜 오늘 나의 마음 이야기

미 미안합니다 (오늘 하루 잘못한 일)

_____

_____

_____

고 고맙습니다 (오늘 하루 고마운 일)

_____

_____

_____

사 사랑합니다 (오늘 하루 나눈 사랑)

_____

_____

_____

CHECK LIST

정념수행	자비명상	108배	자비경	긍정단어	발원문	보시	선행공덕	맞춤수행	생활명상

51 DAY

오늘의 화두
수용

우리 마음속에는 싫은 것은 피하고 좋은 것은 취하고 싶은 욕심이 있기에 나에게 일어나는 일들을 그대로 받아들이기 어렵습니다. '그럴 수도 있지!'라고 생각하는 마음의 바탕에는 '수용'이 있습니다. 그럴 수도 있다는 생각은 나에게 닥치는 모든 상황을 긍정적으로 대처하는 자세이고 상대를 이해하는 마음입니다. '그럴 수 없어!'라고 생각하는 순간 마음에는 걸림이 생기기에 자신도 힘들고 상황도 나아지지 않습니다.

　서로 대비되는 말 속에 진리가 있습니다. 그것을 내면 깊숙이 바라보고 받아들이면 이쪽과 저쪽이 아닌 둘이 하나가 되는 수용이 남습니다. 내면을 깊이 성찰하며 나는 어떤 것에 걸려 있는지 어떤 것을 받아들이지 못하고 있는지, 한 발짝 물러나 문제를 바라보는 연습의 시간을 꼭 가지시기를 바랍니다.

　"그럴 수도 있지!"

　도저히 이해가 안 되어도 '그럴 수도 있지',
　걸림으로 인해 마음이 답답해도 '그럴 수도 있지',
　염불하듯 되뇌어보세요.

'그럴 수도 있지'라는 말 속에 나를 살리는 지혜가 들어있습니다.

∿ 붓다의 말

'그는 나를 욕했다. 그는 나를 때렸다. 그는 나를 이겼다. 그는 내 것을 빼앗았
다'라는 생각을 품는 사람들의 증오는 사라지지 않는다.

'그는 나를 욕했다. 그는 나를 때렸다. 그는 나를 이겼다. 그는 내 것을 빼앗았
다'라는 생각을 품지 않는 사람들의 증오는 사라진다.

- 《법구경》

∿ 오늘 나의 마음 이야기

미 미안합니다 (오늘 하루 잘못한 일)

_____

_____

고 고맙습니다 (오늘 하루 고마운 일)

_____

_____

사 사랑합니다 (오늘 하루 나눈 사랑)

_____

_____

_____

CHECK LIST

정념수행	자비명상	108배	자비경	긍정단어	발원문	보시	선행공덕	맞춤수행	생활명상

52 DAY

엄마

'엄마' 하면 포근하고 안락하고 따뜻하고 편안함을 느낍니다. 엄마 뱃속에서 느꼈던 감정이 무의식에 남아 있기 때문입니다. 베트남에서는 어머니를 최고의 음식에 비유하는데, 틱낫한 스님도 어머니의 사랑을 가장 맛좋은 바나나, 맛난 쌀, 벌꿀이라고 말씀하십니다. 우리 마음속에 최고로 꼽는, 최고의 존재라는 뜻이 아닐까요.

우리 삶은 모두 어머니에게서 온 것입니다. 우리의 소명은 어머니의 뱃속에서 느낀 평안과 평화, 안락, 따뜻함을 세상에 펼쳐내는 것이며, 그 무한한 사랑을 어머니에게 돌려드려야 합니다. 어머니와 나와 세상은 곧 우주적 연결입니다.

엄마가 살아 계신다면
시간을 내어 찾아뵙고 한번 꼭 안아 드리고
전화로 사랑한다는 말을 전해보십시오.

혹시 돌아가셨다면 생전의 모습을 떠올리며
'엄마! 미안합니다. 고맙습니다. 사랑합니다.'
마음속으로 이야기해보십시오.

언제 어디서나 우리는
어머니와 마음의 탯줄로 연결되어 있습니다.

∿ 붓다의 말

어머니의 은혜는 열 가지로 나눈다. 첫째, 열 달 동안 품은 은혜. 둘째, 낳을 때 고통을 감내한 은혜. 셋째, 자식을 낳고 근심을 잊는 은혜. 넷째, 쓴 음식은 삼키고 단 음식은 먹여 주는 은혜. 다섯째, 마른자리에 아이 눕히고 자신은 젖은 자리에 눕는 은혜. 여섯째, 젖을 먹여 길러준 은혜. 일곱째, 똥오줌 가려 더러운 것을 빨아주는 은혜. 여덟째, 자식을 염려하는 은혜. 아홉째, 자식을 위해 나쁜 일을 하는 은혜. 열째, 죽을 때까지 자식을 사랑해준 은혜. -《부모은중경》

∿ 오늘 나의 마음 이야기

미 미안합니다 (오늘 하루 잘못한 일)

_____

_____

고 고맙습니다 (오늘 하루 고마운 일)

_____

_____

사 사랑합니다 (오늘 하루 나눈 사랑)

_____

_____

CHECK LIST

정념수행	자비명상	108배	자비경	긍정단어	발원문	보시	선행공덕	맞춤수행	생활명상

53 DAY

오늘의 화두
유쾌

걱정을 놓아버리세요. 모든 질병의 원인은 스트레스라고 합니다.《반야심경》에서 이르는 전도몽상이 바로 걱정이고 공포이고 일체의 고苦입니다. 한 생각 돌려놓으면 그뿐입니다. 어차피 마음이 만들어 낸 허상에 불과할진대 힘들수록 '유쾌'하게 살려고 노력해야 합니다.

여러분은 언제 유쾌함을 느끼나요? 인간은 생각과 말과 행동을 할 때 다양한 감정을 느끼게 됩니다. 유쾌함은 주로 나만의 욕심이 아니라 나와 상대방을 함께 위할 때 생겨나는 감정입니다. 내 얼굴에 웃음꽃이 피어나면 내 주변에도 웃음꽃이 피어나는 거지요.

우리는 지금 이 순간을 살고 있습니다.
어떤 생각, 말, 행동을 할지는 자기 선택에 달려있습니다.
미소 짓는 얼굴과 찡그린 얼굴
선택의 순간은 짧지만 결과는 천지 차이입니다.

내가 건네는 자비의 미소 한 번이
내가 건네는 따뜻한 포옹 한 번이
우리 사이에 꽃을 피웁니다.

어둠을 밝히는 마음의 등불을 켜는 방법은 자비와 지혜입니다. 오늘 명상은 인생의 주인공으로서 나는 어떤 순간에 유쾌한지를 살펴보고 나와 주변을 웃음꽃으로 환하게 밝히는 시간이 되면 좋겠습니다.

∿ 붓다의 말

　행하고 난 뒤에 후회하고 얼굴에 눈물을 흘리며
　비탄에 빠지는, 그런 행위를 하는 것은 좋지 않다.

　행한 뒤에 후회하지 않고 만족스럽고
　유쾌해지는, 그런 행위를 하는 것이 좋다.
　-《법구경》

∿ 오늘 나의 마음 이야기

미 미안합니다 (오늘 하루 잘못한 일)

_____

_____

_____

고 고맙습니다 (오늘 하루 고마운 일)

_____

_____

_____

사 사랑합니다 (오늘 하루 나눈 사랑)

_____

_____

_____

CHECK LIST

정념수행	자비명상	108배	자비경	긍정단어	발원문	보시	선행공덕	맞춤수행	생활명상

54 DAY

오늘의 화두
이해

'이해'는 나를 받아들이고 더불어 남을 받아들이는 자세입니다. 나 자신을 이해하기 힘들고 다른 사람은 더더욱 이해하기가 어려워 아프고 고통스럽습니다. '어떻게 저럴 수 있지?'라는 생각이 마음을 찔러댑니다. 이 고통 속에 지혜와 선물이 숨어 있습니다. 바로 '용서'입니다. 상대방을 온전히 이해해야 가능한 용서는 무엇보다 나를 위한 최고의 선물입니다. 나만이, 나에게 줄 수 있는, 최고의 선물입니다. 자, 재미있는 숫자놀이를 해봅시다.

5+3=8
오해를 내 입장에서 세 번 생각하면 화가 나고 팔자가 꼬입니다.
이럴 때 마음은 지옥이지요.
5-3=2
오해를 상대방 입장에서 세 번 생각하면 이해가 됩니다.
이럴 때 마음은 극락입니다.
2+2=4
이해하고 또 이해하는 것이 사랑입니다.

긴장을 풀고 편안한 명상이 되도록 우스갯소리를 좀 했습니다.
극락도 지옥도 사랑도 모두 내가 만듭니다. 오늘 나의 마음 이야기만큼은 '어떻게 그럴 수 있어?' '말도 안 돼!'라며 마음을 무겁게 했던 일(사람)들을 이해하고 또 이해하는 용서의 날 되시길 바랍니다.

〜 붓다의 말

이렇게 하는 것이 수행이다. 그대가 전념하고 이해하고 사랑하게 되면
괴로움이 훨씬 줄어들고, 비로소 행복을 느끼게 되고, 주변의 사람들이
그대가 거기 있음으로 해서 비로소 덕을 보게 된다.

- 틱낫한

〜 오늘 나의 마음 이야기

미 미안합니다 (오늘 하루 잘못한 일)

_____

_____

_____

고 고맙습니다 (오늘 하루 고마운 일)

_____

_____

_____

사 사랑합니다 (오늘 하루 나눈 사랑)

_____

_____

_____

CHECK LIST

정념수행	자비명상	108배	자비경	긍정단어	발원문	보시	선행공덕	맞춤수행	생활명상

55 DAY

화합

서로의 뜻에 맞고 정답게 어울리려면 무엇이 필요할까요? '이해와 배려'입니다. 화합하려면 '나와 똑같이 상대방도 행복을 원하는 존재구나.' '나와 똑같이 상대방도 아픔과 고통을 겪고 있구나.' '나와 똑같이 상대방도 삶을 통해서 배우고 있구나'라고 생각하는 태도가 필요합니다. 상대와 나를 같은 존재로 바라보는 '이해의 마음'과, 상대와 나는 서로 거울에 비친 존재라고 여기고 상대방의 말과 생각과 행동을 받아들이는 '배려의 마음'이 있다면, 저절로 화합은 이루어집니다. 카네기의 말처럼 화합은 평범을 비범으로 만드는 원료이기도 합니다.

눈을 감고 숨을 깊이 들이쉬고 내쉽니다.
화합을 통해서 우리는
부처님의 자비심을 세상에 나눕니다.
화합은 나와 너 우리 모두를 살리는 자비와 지혜의 길입니다.

평소 이해하지 못하고 배려하지 못했던 상대를 관세음보살님의 눈으로 바라보고 먼저 손 내미는 날 되시길 바랍니다. 조금은 용기가 필요할 겁니다. 먼저 손 내밀고 감싸줄 수 있다면, 오늘은 한 뼘 더 성장할 수 있는 날이며 내 인생 최고의 날입니다.

෴ 붓다의 말

깨달은 자의 출현은 즐겁고 올바른 가르침은 즐겁고
승가의 화합은 즐겁고 화합된 사람들의 수행은 즐겁다.
-《법구경》

෴ 오늘 나의 마음 이야기

미 미안합니다 (오늘 하루 잘못한 일)

_____

_____

_____

고 고맙습니다 (오늘 하루 고마운 일)

_____

_____

_____

사 사랑합니다 (오늘 하루 나눈 사랑)

_____

_____

_____

CHECK LIST

정념수행	자비명상	108배	자비경	긍정단어	발원문	보시	선행공덕	맞춤수행	생활명상

56 DAY

오늘의 화두
이완

이완은 바짝 조였던 정신이나 마음이 느슨해지는 것을 말합니다. 긴장과 불안으로 움츠러진 상태가 편안해지는 것이지요. '현재를 있는 그대로 바라보기'를 위한 몸과 마음의 준비가 바로 이완입니다. 이완된 상태에서 우리는 순간순간 일어나는 감정과 생각을 더 잘 알아차릴 수 있습니다. 명상하기 전, 눈을 감고 숨을 들이쉬고 내쉬는 이유도 몸과 마음을 이완하기 위해서입니다. 마음을 호흡에 꼭 붙들어 매고, 의식적으로 호흡하는 연습을 하십시오. 지금 여기에 완전히 깨어 있는 것은 한 호흡에서 시작합니다.

먼저 '몸의 이완명상'을 해봅니다.
편안하게 누운 채로 눈을 감습니다.
정수리에서 발바닥까지 천천히 몸 상태를 점검하며 내려옵니다.
특별히 긴장하거나 불안한 곳이 없는지 살펴봅니다.
불편한 부분은 그 위에 손을 얹고 '나는 지금 이완하고 있다'라고 쓰다듬으세요. 몸 전체에 자비와 긍정의 기운을 불어넣어 줍니다.

다음으로 '마음의 이완명상'입니다.
숨을 깊이 들이쉬고 내쉽니다.
코로 전해오는 숨을 느끼며 지금 내 마음은 어떤지 바라봅니다.
마음에 걸린 문제나 생각, 감정을 바라보고, 어떠한 부분에 마음이 걸려있는지 살펴봅니다.
그다음 불편한 감정과 생각을 강물에 떠내려보낸다고 상상해봅니다.
그리고 그 감정이나 생각을 통해 느꼈던 긴장과 불안을 안아주세요.

~ 붓다의 말

나는 의식적인 호흡 수련을 매일같이 합니다.
나의 작은 명상실에는 이러한 글귀가 새겨져 있지요.
"숨 쉬라, 당신은 살아있다!"
단지 숨 쉬고 미소 짓는 것만으로 우리는 행복해질 수 있습니다.
-틱낫한

~ 오늘 나의 마음 이야기

미 미안합니다 (오늘 하루 잘못한 일)

_____

_____

_____

고 고맙습니다 (오늘 하루 고마운 일)

_____

_____

_____

사 사랑합니다 (오늘 하루 나눈 사랑)

_____

_____

_____

CHECK LIST

정념수행	자비명상	108배	자비경	긍정단어	발원문	보시	선행공덕	맞춤수행	생활명상

집착하는 마음을 내려놓으면
행복해집니다

원숭이 잡는 법은 간단합니다. 바나나를 호리병 항아리에 넣어두면 원숭이는 빈손을 집어넣어서 항아리 속 바나나를 움켜쥡니다. 이때 숨어있던 사람들이 원숭이를 잡습니다. 원숭이는 잡혀가면서도 손에 쥔 바나나를 놓지 않고 소리만 '꽥꽥' 지릅니다. 움켜쥔 바나나만 놓으면 도망가서 자유롭게 살 수 있는데도 욕심 때문에 손을 놓지 못하고 잡히고 맙니다.

부처님 가르침의 핵심인 고苦·집集·멸滅·도道의 네 가지 성스러운 진리인 사성제四聖諦에서 보듯이 괴로움의 원인은 집착입니다. 우리가 괴로워하는 것은 집착하는 마음에서 비롯되고, 집착하는 마음을 내려놓으면 행복해질 수 있습니다. 삼척동자도 알 만한 말이지만 행하기는 정말 어렵습니다. 이렇게만 살 수 있다면 얼마나 좋겠습니까?

나의 가장 큰 아픔은 무엇입니까? 내가 내려놓지 못하는 것은 무엇입니까? 치달리던 마음을 잠시 내려놓고 호흡에 집중해보십시오. 명상의 목적은 대상을 뿌리까지 깊이 보는 데 있습니다. 혼자 끙

끙 앓더라도 해결하기 어려운 문제가 있습니다. 그럴 때는 주변의 스승이나 현명한 도반에게 도움을 구하십시오. 문제는 의외로 쉽게 해결될 수 있습니다.

번뇌의 대상을 없애는 게 아니라 대상으로 인해 일어나는 번뇌를 알아차리는 것이 명상입니다. 내려놓는다는 것은 집착하지 않는 마음입니다. 그냥 무심히 바라보기만 하면 됩니다. 일어났다가 사라지는 현상을 그저 바라보십시오.

생활 명상 스승, 친구와 마음 나누기

스승이나 친구를 찾아가 100일 기도를 하고 있다는 사실을 알리고
그동안 느끼고 바뀌고 있는 자신의 마음을 나눕니다.
자비로운 마음으로 서로의 마음에 귀를 기울여 경청하면 더욱 좋습니다.

57 DAY

오늘의 화두
응원

당신을 항상 응원합니다. 끝없이 추락하며 더는 어떻게 해볼 도리가 없는 좌절감에 휘청거리더라도 우리는 누군가의 응원으로 힘을 냅니다. '곁에서 성원하다' 혹은 '호응하여 도와주다'라는 의미가 괜히 응원에 있는 건 아니겠지요. 응원은 존재를 깊이 이해하고 바라보며 감사의 마음을 통해서 행복의 열쇠를 찾는 것입니다. 감사의 마음이 없으면 응원은 빛을 발할 수 없습니다. 응원은 자비심이 밖으로 표현되어 나온 것이며, 감사함은 긍정의 마음으로 이루어져 있기 때문입니다.

> 눈을 감고 숨을 깊이 들이쉬고 내쉽니다.
> 그리고 자신의 장점 3가지를 찾아보는 겁니다.

> '나는 웃는 미소가 이쁩니다.'
> '나의 열심히 노력하는 모습이 멋집니다.'
> '나에겐 아픔을 공감하고 안아줄 수 있는 따뜻한 마음이 있습니다.'

장점을 찾아 이야기하니 기분이 좋고 힘이 나지요? 이것이 '응원'이 가진 힘입니다. 이제 가족과 도반들에게도 응원의 마음을 전해봅시다. 그 사람을 떠올리며 감사한 점과 장점 3가지를 찾아 전하는 겁니다. 직접 말로 할 수 없다면 전화나 문자메시지를 통해서 할 수 있습니다. 놀라운 변화가 일어날 것입니다.

〜 붓다의 말

나는 당신을 가벼이 여기지 않습니다.
왜냐하면 당신은 부처님이 되실 분이기 때문입니다.
- 《법화경》, 〈상불경보살품〉

〜 오늘 나의 마음 이야기

미 미안합니다 (오늘 하루 잘못한 일)

_____

_____

_____

고 고맙습니다 (오늘 하루 고마운 일)

_____

_____

_____

사 사랑합니다 (오늘 하루 나눈 사랑)

_____

_____

_____

CHECK LIST

정념수행	자비명상	108배	자비경	긍정단어	발원문	보시	선행공덕	맞춤수행	생활명상

58 DAY

오늘의 화두
인정

서로 '인정'하는 마음이 없으니 상대를 서운하게 하고 다툼이 일어납니다. 인정에는 믿음과 공감의 마음이 들어있습니다. 사실 타인에게 존중받고자 하는 욕구는 당연한 욕구입니다. 무인도에서 혼자 살 계획이 아니라면, 우리는 타인의 인정욕구를 받아들이지 않을 수 없습니다. 상대를 인정하지 않고 사회생활을 할 수는 없기 때문입니다. 그런데 반대로 나의 인정욕구가 너무 강하면 사람을 해치게 되므로 조심해야 합니다.

나와 너, 있는 그대로 바라보고 받아들인다면 마음이 자유롭고 홀가분합니다. 그렇지 못할 때 마음이 답답하고 무겁습니다. 억지로 바꾸고 감추고 아닌 척해야 하기 때문입니다.

눈을 감고 숨을 깊이 들이쉬고 내쉽니다.

'나는 나 스스로를 있는 그대로 바라보며 인정하는가.'
'나의 어떤 점을 인정하지 못하고
이런저런 생각과 말과 행동으로 감추려 하는가.'

'네'라고 인정하는 마음이 수행의 시작이요, '아니요'라고 거부하는 마음이 불선업의 시작입니다. 스스로를 인정하고 받아들일 때 행복이 시작되고, 다른 사람을 인정하기 시작할 때 자비가 시작됩니다. 오늘은 누가 무어라고 하든 '네'라고 웃으며 대답하는 하루 되시기 바랍니다.

∽ 붓다의 말

　　자신이 어리석다고 인정하는 사람은 현명하다.
　　자신이 어리석다고 아는 사람은
　　바로 그 이유 때문에 현명한 사람이지만,
　　자기가 현명하다고 여기는 사람은
　　참으로 어리석은 이라고 불리네.
　　-《법구경》

∽ 오늘 나의 마음 이야기

미 미안합니다 (오늘 하루 잘못한 일)

_____

_____

_____

고 고맙습니다 (오늘 하루 고마운 일)

_____

_____

_____

사 사랑합니다 (오늘 하루 나눈 사랑)

_____

_____

_____

CHECK LIST

정념수행	자비명상	108배	자비경	긍정단어	발원문	보시	선행공덕	맞춤수행	생활명상

59 DAY

정의

인간이 언제 어디서나 추구하고자 하는 바르고 곧은 의지를 '정의'라고 합니다. 정의는 언제 어디서나 바르고 곧은 것이기에 모든 존재를 위한 자비심이 바탕이 됩니다. 우리는 흔히 자신의 업을 바르게 보지 못한 채 상대의 허물만을 보고 비판합니다. 상대를 분별하고 판단하는 것이 아니라, 지금 이 순간의 나를 바르게 보는 것이 정의로운 마음입니다.

눈을 감고 숨을 깊이 들이쉬고 내쉽니다.
'지금 이 순간, 나의 마음은 어떠한가?'

정의로운 마음에는 자비와 지혜가 함께 있습니다. 우리는 죽는 그 순간까지 생각과 말과 행동으로 선업善業과 불선업不善業을 짓습니다. 그래서 수행이 필요합니다. 지금 이 순간 행하는 바를 바르게 볼 수 있는 것은 '현재에 깨어 있기' 때문입니다.

깨어 있는 마음에서 바르게 보는 지혜가 생기고, 나와 너를 살피는 자비가 생겨납니다. 현재에 깨어 있으면서 나에게 일어나는 상황을 바르게 보고, 마음속의 자비와 지혜로 '이것이 무엇인가?'를 살펴서 가려냅니다. 정의는 자신의 업을 바라보고 업을 지어나가는 기준이 됩니다.

오늘은 내가 짓는 업이 나만을 위한 욕심인지 모두를 위한 자비인지, 마음을 정의롭게 바라보는 하루 되시기를 바랍니다.

～ 붓다의 말

남을 해칠 마음을 갖지 말고, 원한을 품지 말고 성내는 마음을 두지 말라. 비록 화가 머리끝까지 치밀더라도 그것 때문에 함부로 말하지 말라. 남의 흠을 애써 찾지도 말고 약점이나 단점을 들추지도 말고, 항상 자기 자신을 잘 단속하여 정의로써 자신을 살펴 나가라.

-《아함경》

～ 오늘 나의 마음 이야기

미 미안합니다 (오늘 하루 잘못한 일)

_____

_____

_____

고 고맙습니다 (오늘 하루 고마운 일)

_____

_____

_____

사 사랑합니다 (오늘 하루 나눈 사랑)

_____

_____

_____

CHECK LIST

정념수행	자비명상	108배	자비경	긍정단어	발원문	보시	선행공덕	맞춤수행	생활명상

화목

여러분은 극락에 살고 있나요? 지옥에 살고 있나요? 함께 사는 사람들과 화목하다면 극락입니다. 그 반대의 경우라면 지옥입니다. 서로 뜻이 맞아서 마음이 잘 소통하고 조화로운 상태를 우리는 화목하다고 생각합니다.

극락도 지옥도 마음을 통해서 만들어집니다. 나 아닌 다른 누군가에 의해서가 아니라, 지금 이 순간 내 마음에 따라 달라집니다.

마음을 잘 들여다보세요. 여러분은 화목하다고 생각하나요?

화목한 꽃동산에 사납고 무서운 풍파를 만드는 것은
마음과 마음의 부조화에 있습니다.

숨을 깊이 들이쉬고 내쉽니다.
코를 통해 들어오고 나가는 숨을 생생히 느껴봅니다.
서로의 뜻이 맞고 조화로워지기 위해 무엇이 필요할까요?
세 마디의 말이면 됩니다.

'미안합니다.'
'고맙습니다.'
'사랑합니다.'

자신의 내면과 주변을 화목하게 만드는 말. 지금 이 순간부터 극락으로 드는 화목의 말을 시작해볼까요?

～ 붓다의 말

　　가정은 식구가 서로 화목하면
　　꽃동산과 같이 아름다운 곳이지만
　　마음과 마음이 조화를 이루지 못하면
　　사납고 무서운 풍파가 일어나서
　　파멸을 가져오는 지옥과 같아진다.
　　-《본생경》

～ 오늘 나의 마음 이야기

미 미안합니다 (오늘 하루 잘못한 일)

_____

_____

_____

고 고맙습니다 (오늘 하루 고마운 일)

_____

_____

_____

사 사랑합니다 (오늘 하루 나눈 사랑)

_____

_____

_____

CHECK LIST

정념수행	자비명상	108배	자비경	긍정단어	발원문	보시	선행공덕	맞춤수행	생활명상

61 DAY

오늘의 화두
희망

어떤 일이 이루어졌으면 하거나 잘되었으면 하고 바라는 마음이 '희망'입니다. 희망은 행복으로 가는 지름길이고 사람은 누구나 행복해지길 바랍니다. 그런데 정작 주변을 둘러보면 행복하다는 사람은 별로 없고 불행하다는 사람 투성이입니다. 희망의 씨앗을 심었다고 모든 씨앗에서 행복의 열매가 맺히는 건 아니기 때문입니다.

그렇다면 무엇 때문에 바라지 않는 결과가 나왔을까요? '자비심' 때문입니다. 내 것을 지키고 내 욕심을 더 채우기 위한 '희망'은 진정한 '희망'이라고 할 수 없습니다. 그것은 '집착'과 '욕망'입니다. 희망에 자비심이 깃들어야 행복이라는 좋은 결실을 얻을 수 있습니다. 말 그대로 '모두가' 잘되길 바라는 마음이 희망인 셈이지요.

> 모든 존재를 사랑하고
> 불쌍히 여기는 마음에서 비롯된 희망이어야
> 진정한 행복을 얻을 수 있습니다
>
> 나만을 위한 욕심이 아니라
> 나와 내 이웃과
> 나와 관련 없는 누군가를 위한 희망의 씨앗을
> 나아가 나를 힘들게 하는 사람을 위한 희망의 씨앗을
> 마음 밭에 심겠습니다

〜 붓다의 말

희망을 가져라. 희망의 결과는 행복이니라.
저 새들까지도 언제나 바라면서
그 희망에 충만해 있으니,
비록 그것은 멀고 오래더라도
끝내 희망은 이루어지리라.
-《본생경》

〜 오늘 나의 마음 이야기

미 미안합니다 (오늘 하루 잘못한 일)

_____

_____

_____

고 고맙습니다 (오늘 하루 고마운 일)

_____

_____

_____

사 사랑합니다 (오늘 하루 나눈 사랑)

_____

_____

_____

CHECK LIST

정념수행	자비명상	108배	자비경	긍정단어	발원문	보시	선행공덕	맞춤수행	생활명상

62 DAY

오늘의 화두
성공

뜻을 품고 목표를 향해 나아가서 목적한 바를 이룬다는 의미의 성공. 여러분도 성공하고 싶지요? 그래서 부처님 앞에서 기도 많이 하지요? 바라는 성공의 모습은 각자 다를 것입니다. 그런데 우리는 왜 성공하고 싶을까요?

자신의 마음을 잘 보아야 합니다. 지금보다 잘 살기 위해서, 남보다 더 높은 자리에 오르기 위해서, 더 많은 것을 가지기 위해서 등. 대체로 세속에서의 성공은 부와 명예와 권력을 뜻하지요.

생각을 바꾸어서 부처님이 우리에게 바라는 성공은 무엇일까요? 부처님은 고통에서 벗어나 행복해지는 것, 윤회를 굴레에서 해탈을 얻는 것, 마음 밭을 잘 가꾸어 가는 것이라고 대답하실 것입니다.

부처님 말씀에 성공의 조건이 있습니다. 악행을 하지 않는다는 것이지요. 나를 위하든 남을 위하든 더 나아가 나라를 위하든 그 속에 악행이 없어야 성공이라 할 수 있습니다.

잠시 눈을 감고 명상합니다.
내 욕심을 채우기 위해 내 성공만을 위해
주변을 아프게 하고 눈물짓게 하지는 않았는지 살펴보세요.
그다음 나의 잘못을 인정하고 참회하십시오.

참회를 통해 우리는 한 발짝 나아갈 수 있습니다. 참회 후에는 나와 그 사람이 부처님 법 안에서 선행의 씨앗을 심으며 살아가기를 축원해주십시오. 참회와 축원의 마음이 나를 성공의 길로 이끌어 줄 것입니다.

∿ 붓다의 말

그것이 자신을 위한 것이든 다른 이들을 위한 것이든 그는 악행을 하지 않는다. 자식들이나 부富를 위해서든 나라를 위해서든 그는 악행을 하지 않는다. 부당한 방법으로 성공을 바라지도 않는다. 그런 사람은 실제로 고결하고, 현명하며 올바르다.

-《법구경》

∿ 오늘 나의 마음 이야기

미 미안합니다 (오늘 하루 잘못한 일)

_____

_____

_____

고 고맙습니다 (오늘 하루 고마운 일)

_____

_____

_____

사 사랑합니다 (오늘 하루 나눈 사랑)

_____

_____

_____

CHECK LIST

정념수행	자비명상	108배	자비경	긍정단어	발원문	보시	선행공덕	맞춤수행	생활명상

63 DAY

오늘의 화두

소신

자신을 믿고 그에 따르는 생각과 말과 행동을 할 때 우리는 '소신'있다고 말합니다. 소신에는 무엇보다 바른 믿음이 중요합니다. 바른 믿음이란 무엇일까요? 자기 안에서 올라오는 감정의 파도에 휩쓸려 생각, 말, 행동을 표현하는 게 아니라 '부처님과 같이' 생각하고, 말하고, 행동하기 위해 노력하는 것 아닐까요?

믿음이 생각으로 나오는 것이
믿음이 말로 표현되는 것이
믿음이 행동으로 이루어지는 것이
'소신'입니다.

부처님 법을 따르는 제자로서의 소신은
부처님과 같이 생각하고 말하고 행동하고자
노력하는 것입니다.

내가 하는 생각과 말과 행동을 자세히 관찰해보시기 바랍니다. 나는 어떤 믿음으로 행하고 있는지, 이를테면 내 고집을 위한 것인지 아니며 바른 믿음을 바탕으로 하는 것인지 점검해보시는 겁니다.

～ 붓다의 말

　　믿음은 보시가 되어 나타나서 마음에 인색함이 없게 하며
　　믿음은 능히 기쁨을 낳아 부처님의 가르침에 들어가게 하며
　　믿음은 능히 지혜의 공덕을 증장시키며
　　믿음은 능히 여래지에 반드시 이르게 한다.
　　-《화엄경》

～ 오늘 나의 마음 이야기

미 미안합니다 (오늘 하루 잘못한 일)

_____

_____

_____

고 고맙습니다 (오늘 하루 고마운 일)

_____

_____

_____

사 사랑합니다 (오늘 하루 나눈 사랑)

_____

_____

_____

CHECK LIST

정념수행	자비명상	108배	자비경	긍정단어	발원문	보시	선행공덕	맞춤수행	생활명상

이 또한 지나갈 것입니다

어느 날 법당에서 나오는데 소나기가 쏟아지고 있었습니다. 그때 지나가던 한 청년이 비를 잔뜩 맞고는 하늘에 삿대질하며 불평하고 있는 것을 보았습니다. 하늘은 항상 변화하는 것이 자연스러운 것입니다. 하지만 우리는 자연스러운 인간 사회, 자연 현상을 내 잣대로 재고는 남을 탓하고 비난할 때가 많습니다. 그때 옆에서 조용히 우산을 펼쳐 드는 한 스님이 보였습니다.

몸이 변화하듯 마음도 환경도 변화합니다. 환경은 변하는데 마음이 변치 않으면 그것을 고집이라고 합니다. 겨울엔 내복을 입어야 살고 여름엔 벗어야 살듯, 늘 변화하는 환경에 적응해야 살아남습니다. 세상에 변화하지 않는 건 없습니다. 우리도 변해야 삽니다.

달라이 라마는 "삶은 변화한다. 이 사실을 거부하고 삶의 변화에 저항할수록 우리의 고통은 사라지지 않을 것이다"라고 하셨지요.

변하는 건 큰 노력이 필요합니다. 바뀌려면 용기와 실천이 필요합니다. 고통과 번민을 보듬어 변화시킬 수 있는 사람은 고통과 어려움을 행복과 지혜로 바꿀 수 있습니다.

현재 일어나는 모든 것을 받아들이십시오. 고정된 것은 없습니다. 겨울 추위엔 옷을 껴입고 여름 더위엔 얇은 옷을 입으면 됩니다. 추위를 탓하고 더위를 탓하지 말고 그에 적응하면 됩니다.

산에 오르면 도시가 한눈에 들어옵니다. 높게만 보였던 빌딩도 낮아 보이고, 복잡하기만 했던 길도 단순하게 보이지요. 눈을 가렸던 높은 건물과 꽉 막힌 도로는 불편한 게 아닌 그저 도시를 이루고 있는 요소에 불과한 게 됩니다. 시야가 넓어지니 모든 있는 것들을 자연스럽게 받아들이는 것입니다. 반대로 있는 그대로 받아들이면 마음의 눈이 넓어집니다.

생활 명상 버리고 싶은 것

내가 버리고 싶은 것 세 가지를 적어봅니다.
충분히 명상한 후에 그 세 가지를 버리기 위해
내가 할 수 있는 것 세 가지를 적어보고 꼭 실행해보세요

64 DAY

오늘의 화두

쉼

쉼. 듣기만 해도 편안해집니다. 긴장과 불안, 즉 스트레스 상황에 가장 잘 대처하는 방법은 몸과 마음을 편안한 상태에 두는 것입니다. 현대인은 '쉬고 싶다', '쉬어야겠다'라는 말을 자주 합니다. 여러분은 정작 몸과 마음을 편안하게 쉬어 본 적 있는지요?

내가 쉬지 못하는 가장 큰 걸림돌은 다른 어느 누가 아니라 바로 나 자신이며, '내려놓음'과 '비움'이 되지 않기 때문입니다. 무언가 가득 찬 상태에서는 쉼이 이루어지지 않습니다. 플럼 빌리지에서 들었던 노래 가사입니다. "행복은 지금 여기, 걱정하지 말아요. 갈 곳 없고 할 것 없네. 서두를 필요없네."

눈을 감고 호흡에 집중해보세요.
들어오고 나가는 숨을 살펴보면서
들이쉴 때는 '나의 몸과 마음이 안정된다'
내쉴 때는 '편안하다'를
마음속으로 되뇌십시오.
잠깐의 시간이 몸과 마음에 쉼을 만들어줄 것입니다.

세상은 한순간도 멈춤 없이 흘러가고 있습니다. 그 속에서 우리가 쉼을 찾을 수 있는 것은 지금 이 순간의 깨어 있음입니다.

〜 붓다의 말

아침에 보았던 그 좋은 일도
어느새 밤이 되면 보이지 않고
어제저녁 보았던 온갖 일들이
오늘 저녁에는 사라지고 없네.
-《법집요송경》

〜 오늘 나의 마음 이야기

미 미안합니다 (오늘 하루 잘못한 일)

_____

_____

_____

고 고맙습니다 (오늘 하루 고마운 일)

_____

_____

_____

사 사랑합니다 (오늘 하루 나눈 사랑)

_____

_____

_____

CHECK LIST

정념수행	자비명상	108배	자비경	긍정단어	발원문	보시	선행공덕	맞춤수행	생활명상

65 DAY

오늘의 화두
우리

너와 나뿐만 아니라 모든 존재가 함께 공존합니다. 이때 '우리'라는 의미가 발생합니다. '우리'라는 말에는 많은 것이 담겨 있습니다. 여러분이 생각하는 '우리'는 어디까지인가요?

한 번쯤 내 마음의 크기가 어느 정도인지 살펴볼 필요가 있습니다. 나, 내 가족, 내 친구…, '내 것'이라고 어느 순간부터 선을 긋고 있지는 않았는지 나의 생각, 말, 행동을 살펴야 합니다. 부처님을 따르는 수행은 나, 너를 벗어나 우리 안에 온 우주를 담는 것입니다. 마음 그릇을 넓히고 넓혀야 어느 누구도 걸림 없이 받아들일 수 있습니다.

부처님은 우리가 함께 나아가야 할 방향을 보여주고 계십니다. 미움도 증오도 버리고 진정 행복하게 진정 자유롭게 살아가자 하십니다. 이 세상은 홀로 살아갈 수 없습니다. 태어나서 죽는 순간까지 무수한 인연 속에서 살아갑니다.

눈을 감고 생각해보십시오.
내가 생각하는 우리는 어디까지인가요?
내 마음의 크기는 얼만큼일까요?

오늘은 나와 만나는 모든 인연에게 자비의 미소 한 번, 따뜻한 말 한마디 건네며 우리의 관계를 행복으로 이끌어보시기를 바랍니다.

～ 붓다의 말

우리 진정 행복하게 살아가자.
증오 속에서도 증오 없이
미워해야 할 사람 속에서도 미움을 버리고
우리 자유롭게 살아가자.
-《법구경》

～ 오늘 나의 마음 이야기

미 미안합니다 (오늘 하루 잘못한 일)

_____

_____

_____

고 고맙습니다 (오늘 하루 고마운 일)

_____

_____

_____

사 사랑합니다 (오늘 하루 나눈 사랑)

_____

_____

_____

CHECK LIST

정념수행	자비명상	108배	자비경	긍정단어	발원문	보시	선행공덕	맞춤수행	생활명상

66 DAY

오늘의 화두
용기

씩씩하고 굳센 기운과 겁내지 않는 마음을 '용기'라고 하지요. 용기 있다는
말은 앞으로 나아가는 것을 의미하기에 자신의 틀을 깨고 성장하는 과정과
관련이 깊습니다. 우리의 인생길에는 곳곳에 고통이 존재합니다. 그 고통을
어떻게 바라보느냐에 따라 걸림돌이 될 수도 있고 디딤돌이 될 수도 있습
니다. 나를 주저앉힐 수도 있고 나를 더 크게 성장시킬 수도 있다는 말입니
다. 모두 마음먹기 달렸습니다. 결국 고통을 헤쳐나갈 사람은 나 자신이기
때문입니다. 그 누구도 아닌 나 자신뿐이라는 사실이 용기를 갖게 합니다.

> 자신을 옭아매는 두려움과 불안으로부터
> 벗어나고자 한다면
> 지금 이 순간
> 두 주먹 불끈 쥐고 일어나 행동하십시오.
> 할 수 있다는 용기가 당신을 바꿀 것입니다.

지금부터 시작해도 늦지 않습니다. 내 인생의 주인공은 바로 나 자신입니
다. 용기 있는 사람은 두려움을 느끼지 않는 사람이 아니라, 두려움을 받아
들이고 뛰어넘는 사람입니다. 부처님은 "마음은 항상 용감하게, 생각은 항
상 신중하게, 행동은 항상 깨끗하고 조심스럽게 그리고 스스로를 자제하
여 법에 따라 살며 부지런히 정진하는 사람은 영원히 깨어 있는 사람이다"
라고 말씀하셨습니다

～ 붓다의 말

수행하는 자는
마음을 굳게 지니고 뜻을 세워
좋은 인연을 만나면
가차 없이 밀고 나가는 인내와 용기와 결단력이
필요한 것이다.
-《현우경》

～ 오늘 나의 마음 이야기

미 미안합니다 (오늘 하루 잘못한 일)

_____

_____

_____

고 고맙습니다 (오늘 하루 고마운 일)

_____

_____

_____

사 사랑합니다 (오늘 하루 나눈 사랑)

_____

_____

_____

CHECK LIST

정념수행	자비명상	108배	자비경	긍정단어	발원문	보시	선행공덕	맞춤수행	생활명상

67 DAY

오늘의 화두
유연

부드럽다는 의미의 '유연'에는 마음에 맺힌 것이 풀려 후련하다는 뜻도 있습니다. 유연하다는 건 변화하는 상황에 따라 고정되지 않고 흘러가는 것입니다. 한발 물러서서 마음에 올라오는 파도를 바라보는 자세입니다.

농부를 만나면 농부의 마음을 이해하고, 상인을 만나면 상인의 마음을 헤아릴 줄 알아야 합니다. 만나는 사람마다 상대의 세계를 인정하고 이해할 줄 아는 자세는 유연한 물처럼 종지를 만나면 종지를 채우고 항아리를 만나면 항아리를 채웁니다. 물은 종지냐 항아리냐를 차별하거나 시비분별 하지 않기 때문에 세상을 부드럽게 하고 맺힌 것을 후련하게 풀어 줍니다.

한발 물러나서
바라보면 객관적으로 보입니다.

한발 물러나면
마음의 태풍으로부터 벗어날 수 있습니다.

한발 물러나면
시비분별로 인한 고통으로부터 벗어나 평온할 수 있습니다.

내 앞의 것만 바라보지 않고 내 것만을 주장하지 않고 전체를 바라보고 행동할 수 있는 힘. '유연함'은 자비를 실천할 수 있는 방법입니다. 오늘도 물과 같은 유연함으로 모든 사람을 받아들이는 하루 되시기를 바랍니다.

∾ 붓다의 말

마음은 마치 파도치는 물결과 같아서
물결이 출렁일 때는 일렁이고 왜곡되어
제대로 보이지 않는다.
그러나 바람 한 점 없이 고요하고 맑으면
모든 것은 제 모습을 나타낸다.
- 《화엄경》

∾ 오늘 나의 마음 이야기

미 미안합니다 (오늘 하루 잘못한 일)

_____

_____

_____

고 고맙습니다 (오늘 하루 고마운 일)

_____

_____

_____

사 사랑합니다 (오늘 하루 나눈 사랑)

_____

_____

_____

CHECK LIST

정념수행	자비명상	108배	자비경	긍정단어	발원문	보시	선행공덕	맞춤수행	생활명상

68 DAY

오늘의 화두
정진

'정진'은 순일하고 물들지 않은 마음으로 항상 부지런하게 수행하는 것을 뜻합니다. 수행자의 입장으로는 듣기만 해도 가슴이 뛰는 말이지요.

　육바라밀六波羅蜜 중 네 번째 덕목에 속하는 정진은 목표를 정해 힘써 수행하는 모습을 연상시킵니다. 물론 우리의 목표는 '부처님같이'되는 것입니다. '부처님같이' 되고자 노력하는 것이 진정 우리가 가야 할 '정진'의 길입니다.

　눈을 감고 숨을 깊이 들이쉬고 내쉽니다.

　지금껏 어떻게 수행해 왔는지
　수행의 목표는 무엇이었는지 떠올려봅니다.
　이만큼이나 수행했다는 상相에 빠져있지는 않은지
　스스로에게 질문해보세요.

　정진해서 이루려는 목표는
　'부처님같이'
　생각하고 말하고 행동하는 것입니다.

모든 존재를 자비롭게 바라보고 지혜롭게 살아가려는 마음. 오늘부터 하루에 한 가지씩 실천합시다. 내 생각, 내 말, 내 행동, 내 고집을 버리고 부처님 같이 말하고 생각하고 행동하도록 합시다.

～ 붓다의 말

솜털이 바람의 힘을 받아
이리저리 움직이듯
정진하는 기쁨의 활력을 받으면
우리는 모든 것을 성취할 것입니다.

-《입보리행론》

～ 오늘 나의 마음 이야기

미 미안합니다 (오늘 하루 잘못한 일)

고 고맙습니다 (오늘 하루 고마운 일)

사 사랑합니다 (오늘 하루 나눈 사랑)

CHECK LIST

정념수행	자비명상	108배	자비경	긍정단어	발원문	보시	선행공덕	맞춤수행	생활명상

69 DAY

조화

'조화'에는 '서로 잘 어울리다'라는 의미가 있습니다. '서로'라는 단어가 보이시죠? 결국 조화란 말은 관계를 이루는 둘 이상의 대상을 향하고 있습니다. 조화는 결코 혼자서는 이룰 수 없습니다. 내가 다른 사람을 이해하고 받아들이며 공존하려 할 때 가능한 경지입니다.

우리는 수많은 관계를 맺지만, 늘 좋은 관계만 있는 것은 아닙니다. 부딪히고 갈등하는 관계도 있습니다. 이 모든 관계를 인연이라고 생각하고 있는 그대로 받아들여야 합니다. 그것이 조화로움이며, 이 속에서 나와 다른 사람 모두가 살아갈 수 있는 길이 자연스럽게 열리게 됩니다.

눈을 감고 꽃밭을 상상해봅니다.
배꽃, 사과꽃, 들꽃이 어우러진 꽃밭에 벌과 나비가 날아다닙니다.
그다음 꽃이든 벌레든 하나만 있는 모습을 떠올려보세요.
꽃이 하나만 있으면 너무 단조로워서 아쉬울 테고,
꽃만 있고 벌과 나비가 없다면 생명의 역동성이 사라지겠지요.

다양한 꽃들이 울긋불긋 모양을 뽐내고,
분주하게 날아다니는 벌과 한가로이 팔랑거리는 나비가
모두 있어야 보기에도 아름답고, 과일도 열립니다.

이렇듯 자연은 서로 다른 것들이 한자리에서 어울리며 조화를 유지합니다. 인간 세상도 모든 인연이 어우러지며 조화를 이루어야 유지됩니다.

~ 붓다의 말

차별하고 선택하는 마음만 없으면, 도道 자체에 어려울 게 없다.
좋고 나쁨을 떠나면 도는 밝은 대낮처럼 뚜렷하다.
너는 나로 인해 존재하고, 나는 너로 인해 존재한다.
둘 다를 알고자 하는가. 원래는 깊고 깊은 한 뿌리이다.
- 승찬 스님

~ 오늘 나의 마음 이야기

미 미안합니다 (오늘 하루 잘못한 일)
_____
_____
_____

고 고맙습니다 (오늘 하루 고마운 일)
_____
_____
_____

사 사랑합니다 (오늘 하루 나눈 사랑)
_____
_____
_____

CHECK LIST

정념수행	자비명상	108배	자비경	긍정단어	발원문	보시	선행공덕	맞춤수행	생활명상

70 DAY

관심

'관심'을 주고받는다는 말에는 마음이 오고 간다는 뜻이 있습니다. 지금 이 순간, 여러분의 관심은 어디에 있나요? 관심을 통해서 시선이 달라지고 생각이 달라지고 말이 달라지고 행동이 달라집니다. 평소 나의 '관심'은 어디를 향하고 있는지 살펴보십시오. 그래야 나를 알아차릴 수 있고 깨어 있을 수 있습니다. 행복해지고 싶다는 열망은 있지만 우리는 불안, 화, 갈등에 관심과 마음을 둘 때가 많습니다. 그래서 늘 답답하다고 느끼는 거지요. 관심의 방향을 바꾸십시오. 마음의 나침반을 부처님께로 향해 보십시오.

행복을 위한 첫걸음은
관심의 방향을 올바르게 설정하는 것입니다.

내가 관심을 기울이는 것 3가지를 찾아봅시다.
휴식, 여행, 도반.
이렇게 3가지를 적는다면
그 3가지가 지금 이 순간 나의 모습입니다.

앞으로 관심을 가져야겠다고 생각되는 것을 3가지 적어봅시다.
명상, 수행, 정근.
이렇게 3가지를 적는다면
그것이 나침반이 되어
나를 내 인생의 주인공으로
행복의 씨앗을 심고 꽃피우며 살아갈 수 있도록 이끌어 줄 것입니다.

෨ 붓다의 말

더욱 연민을 느끼고
타인의 행복에
더 많은 관심을 기울이는 것이
행복의 원천이다.
– 달라이 라마

෨ 오늘 나의 마음 이야기

미 미안합니다 (오늘 하루 잘못한 일)

_____

_____

_____

고 고맙습니다 (오늘 하루 고마운 일)

_____

_____

_____

사 사랑합니다 (오늘 하루 나눈 사랑)

_____

_____

_____

CHECK LIST

정념수행	자비명상	108배	자비경	긍정단어	발원문	보시	선행공덕	맞춤수행	생활명상

행복에 이르는 여덟 가지 바른 길

부처님은 행복에 이르는 방법으로 여덟 가지 바른 길을 말씀하셨습니다. 바른 견해(正見), 바른 생각(正思惟), 바른 말(正語), 바른 행동(正行), 바른 생활(正命), 바른 정진(正精進), 바른 알아차림(正念), 바른 집중(正定)이 그것입니다.

우리는 모두 행복한 결과를 얻고 싶습니다. 하지만 결과를 바꾸려고만 하면 절대 바꿀 수 없습니다. 결과를 만들어내는 원인을 바꾸었을 때 결과는 저절로 바뀝니다. 우리는 지금 불행하기 때문에 행복을 원합니다. 무조건 '부처님 행복하게 해주세요' 한다고 해서 행복이 오지는 않습니다.

현재 내가 불행하다면 지금까지의 내 행동, 내 말, 내 생각을 깊이 들여다봐야 합니다. 내가 생각하고 말하고 행동한 결과가 지금의 불행으로 다가온 것이기 때문입니다. 지금까지 해온 생각, 말, 행동을 바꾸면 결과는 행복으로 바뀔 것입니다. 그래서 부처님이 여덟 가지 바른 길을 제시하신 것입니다.

어젯밤 죽지 않고 오늘 아침 눈을 뜬 당신!
오늘이라는 선물은 당신을 위한 날입니다.

오늘 하루 멋진 행동, 멋진 말, 멋진 생각으로 사시길 바랍니다. 세상 모든 건 내가 하기 나름입니다. 지금 이 순간 나의 생각, 말, 행동은 나의 미래가 될 것입니다.

생활 명상 행복을 위한 나의 생각, 말, 행동

아래 칸을 채워보고 한 주 동안 실천하고 성찰해봅니다.

행복의 씨앗을 심는   나의 생각 : _____
행복의 씨앗을 심는   나의 말 : _____
행복의 씨앗을 심는   나의 행동 : _____

71 DAY

깨어남

흔히 '깨어남'과 '깨달음'을 같은 뜻으로 알지만 전혀 다릅니다. '깨달음'은 '깨어남' 한 번의 경험으로 완성되는 것이 아니라 깨어난 이후 계속 수행하면서 완전한 깨달음을 이뤄야 하는 것입니다.

우리의 마음과 정신은 너무나 연약하면서도 때론 오만하기도 합니다. 수행은 깨우침을 깨달음으로 이끕니다. 대가의 솜씨는 지속적인 연습에 바탕을 두듯이, 깨달음은 오직 일상의 마음 수행으로 완성됩니다.

깨달음은 새로운 혹은 멀리 있는 다른 세상이 아닙니다. 지금 우리가 발 딛고 서 있는 현장에서 이룰 수 있는 것입니다. 번뇌 즉 보리, 즉 번뇌가 있기에 곧 깨달음이 있습니다.

여러분의 번뇌는 무엇인가요?
여러분을 힘들게 하는 것은 무엇인가요?

번뇌와 고통 속에 진주가 숨어있습니다.
나는 어떤 진흙 속에 있는지, 어떤 번뇌의 바닷속에 있는지 잘 살펴봅시다. 그러다 보면 '아하!' 할 때가 있습니다. 본성으로 가기 위해 깨어나고 불성을 찾기 위해 깨쳐야 하는데, 내 안의 본성과 불성을 깨닫는 일은 나의 고집, 나의 습, 나의 업을 바르게 보는 수행을 통해서만 가능합니다.

~ 붓다의 말

> 번뇌의 진흙 속에서 우리는 깨달음의 연꽃을 피워야 한다. 저 허공에 씨를 뿌려 보라. 거기 싹은 트지 않는다. 씨는 거름이 많은 땅에 뿌려야 한다. 그래야만 잘 자라난다. 번뇌야말로 깨달음을 성취하는 데 더없는 토양이다.
> -《유마경》

~ 오늘 나의 마음 이야기

(미) 미안합니다 (오늘 하루 잘못한 일)

_____

_____

_____

(고) 고맙습니다 (오늘 하루 고마운 일)

_____

_____

_____

(사) 사랑합니다 (오늘 하루 나눈 사랑)

_____

_____

_____

CHECK LIST

정념수행	자비명상	108배	자비경	긍정단어	발원문	보시	선행공덕	맞춤수행	생활명상

72 DAY

오늘의 화두
다 함께

'함께'는 '한꺼번에 같이' 혹은 '서로 더불어'라는 뜻입니다. '다 함께'의 '다'
는 '남기거나 빠짐없이 모두'라는 의미가 더해집니다. '남기거나 빠짐없이
모두 서로 더불어'는 대승의 정신을 압축하는 말입니다. 이는 우주 만물이
한 몸이고 한 생명이라는 인드라망으로 설명됩니다. 우리는 온 우주의 삼
라만상과 인드라망처럼 인연으로 '다 함께' 엮여 있습니다.

나에게 오는 인연은 피할 수 없습니다. 그 인연을 거부하고 미워해야
할까요? 아니면 받아들이고 수용해야 할까요? 오늘의 화두인 '다 함께'에
답이 있습니다. 나에게 다가오는 인연은 깨달음으로 가기 위한 수행 과제
입니다. 나에게 주어진 공부이지요.

이 세상 모든 인연은 '선지식'입니다. 가족과 이웃 등 인간관계, 동식
물들과의 관계 모두 마찬가집니다. 좋으면 좋은 대로 고통스럽고 싫으면
싫은 대로 고통스럽습니다. '좋고 싫음'이라는 감정에 끄달리는 순간 고통
이 시작되지요. 우리는 쉴 새 없이 흔들리는 파도가 아니라 모든 것을 품는
바다가 되어야 합니다. 오늘부터 만나는 모든 인연에게 속으로 이렇게 말
해봅시다.

"미안합니다."
"고맙습니다."
"이만해서 다행입니다."

이것이 곧 '다 함께' 가는 대승의 길입니다.

∽ 붓다의 말

모든 중생에게는 피할 수 없는 일곱 가지가 있다.
태어남, 늙음, 병듦, 죽음, 죄, 복, 인연이 그것이다.
이 일곱 가지 일은 아무리 피하려 해도
마음대로 되지 않는다.
-《법구비유경》

∽ 오늘 나의 마음 이야기

미 미안합니다 (오늘 하루 잘못한 일)

_____

_____

_____

고 고맙습니다 (오늘 하루 고마운 일)

_____

_____

_____

사 사랑합니다 (오늘 하루 나눈 사랑)

_____

_____

_____

CHECK LIST

정념수행	자비명상	108배	자비경	긍정단어	발원문	보시	선행공덕	맞춤수행	생활명상

73 DAY

동감

어떤 견해나 의견에 같은 생각을 가지고 있거나 혹은 그런 생각을 '동감'이라고 합니다. 이는 서로 소통하고 있음을 전제합니다. 상대방의 생각, 말, 행동을 올바르게 이해하고 받아들이는 것이기에 동감하는 자세는 우리를 행복으로 이끌어줍니다. 우리는 상대방의 말, 생각, 행동을 자신의 기준으로 옳거나 그르다고 판단해서 좋고 나쁨을 구별하지만, 동감은 '있는 그대로 인정하는' 사랑입니다. 동감은 '나와 똑같이 상대방도 그러하다'라는 이해입니다. 동감의 지혜에 관해 이야기하기 전에 54일 '오늘의 화두'에서 말한 숫자놀이를 떠올려봅시다.

> 5+3=8
> 오해를 내 입장에서 세 번 생각하면 화가 나고 팔자가 꼬입니다.
> 이럴 때 마음은 지옥이지요.
> 5-3=2
> 오해를 상대방 입장에서 세 번 생각하면 이해가 됩니다.
> 이럴 때 마음은 극락입니다.
> 2+2=4
> 이해하고 또 이해하는 것이 사랑입니다.

가만히 생각해봅니다. '나는 얼마나 상대방을 이해하고 동감하였나?' '상대의 생각, 말, 행동을 얼마나 나의 분별심으로 판단하였나?' 내가 이해받고 인정받고 싶은 만큼 상대도 그렇기를 원한다는 것을 늘 기억하십시오.

∽ 붓다의 말

마음에 좋고 나쁜 것을 따지지 마라.
좋은 것에서부터 슬픔이 생기고,
근심이 생기고,
속박이 생겨난다.
-《법구경》

∽ 오늘 나의 마음 이야기

미 미안합니다 (오늘 하루 잘못한 일)

고 고맙습니다 (오늘 하루 고마운 일)

사 사랑합니다 (오늘 하루 나눈 사랑)

CHECK LIST

정념수행	자비명상	108배	자비경	긍정단어	발원문	보시	선행공덕	맞춤수행	생활명상

74 DAY

마주봄

눈과 눈이, 얼굴과 얼굴이, 마음과 마음이 서로를 향해 열려 있을 때, 우리는 소통하게 되고 행복해집니다. '너와 내가 마주보다'에는 내가 나를 본다는 더 커다란 의미가 숨겨져 있습니다. 즉 상대를 마주보는 것은 내 안의 불성을 바라보고, 주인공 자리를 바라보고, 네가 나라고 함을 바라보는 것입니다. 우리는 상대를 '나'로 마주보는 수행을 통해서 진리를 깨우치는 길로 나아갑니다. 다음 문장을 조용히 읽어보세요.

> 모든 존재는
> 본래 자유롭고 평등한 불성을 가지고 있다.
>
> 내가 그렇듯 나와 마주한 당신도 그렇다.
> 모두가 존귀하고 스스로 온전하여 소중한 존재이다.

시비분별을 멈추고 있는 그대로 나와 똑같이 상대방을 받아들이면 본래부터 완전한 자성인 부처님의 모습을 마주할 것입니다. 매 순간 대하는 중생을 부처로 마주할 수 있다면 세상은 항상 자비와 지혜로 꽃피울 것입니다.

∾ 붓다의 말

진리를 보는 자는 마치 횃불을 들고 캄캄한 방에 들어간 것과 같아서 어둠은
곧 없어지고 밝음이 나타난다. 그와 같이 도를 닦아 진리를 보면 무지는 없어
지고 지혜의 밝음만이 영원히 남게 된다.
- 《사십이장경》

∾ 오늘 나의 마음 이야기

미 미안합니다 (오늘 하루 잘못한 일)

_____

_____

고 고맙습니다 (오늘 하루 고마운 일)

_____

_____

사 사랑합니다 (오늘 하루 나눈 사랑)

_____

_____

CHECK LIST

정념수행	자비명상	108배	자비경	긍정단어	발원문	보시	선행공덕	맞춤수행	생활명상

75 DAY

오늘의 화두
자족

부처님은 말씀하셨습니다.

"여러 수행자들이여, 욕심 많은 사람은 이익을 구함이 많아 번뇌도 많지만, 욕심이 적은 사람은 구함이 없어 근심 걱정도 없습니다. 욕심을 적게 하기 위해서도 힘써 마음을 닦아야 할 테지만, 그것이 온갖 공덕을 낳게 함에 있어서이겠습니까. 욕심이 적은 사람은 남의 마음을 사기 위해 아첨하지 않고 모든 감관感官에 이끌리지 않습니다. 또 욕심을 없애려는 사람은 마음이 편안해서 아무 걱정이나 두려움이 없고, 하는 일에 여유가 있어 부족함이 없습니다.
그래서 열반의 경지에 들게 되니 이것을 가리켜 '소욕少欲'이라 합니다. 만약 모든 고뇌를 벗어나고자 한다면 마땅히 만족할 줄 알아야 합니다. 넉넉함을 아는 것은 부유하고 즐거우며 안온합니다. 그런 사람은 비록 맨땅 위에 누워 있을지라도 편안하고 즐겁지만, 만족할 줄 모르는 사람은 설사 천상에 있을지라도 그 뜻에 흡족하지 않을 것입니다. 만족할 줄 아는 사람은 가난한 듯하지만, 사실은 부유합니다. 이것을 가리켜 지족知足이라 하는 것입니다."

부처님은 나에게 오는 모든 것에 만족하는 것이 행복이라고 하셨습니다. 그 무엇이 되었든 만족하는 그 마음에서 행복이 오는 것이죠. 오늘은 부처님의 말씀을 여러 번 독송하면서 나는 무엇에 불만족스러운지, 무엇 때문에 고통스러운지 살펴보는 시간을 가져보십시오.

∽ 붓다의 말

　일이 일어났을 때에는 벗이 행복이고
　어떠한 것에든 만족하는 것이 행복이고
　목숨이 다할 때에는 공덕이 행복이고
　일체의 괴로움을 버리는 것이 행복이다.
　-《법구경》

∽ 오늘 나의 마음 이야기

미 미안합니다 (오늘 하루 잘못한 일)

_____

_____

_____

고 고맙습니다 (오늘 하루 고마운 일)

_____

_____

_____

사 사랑합니다 (오늘 하루 나눈 사랑)

_____

_____

_____

CHECK LIST

정념수행	자비명상	108배	자비경	긍정단어	발원문	보시	선행공덕	맞춤수행	생활명상

76 DAY

오늘의 화두
성취

올해는 이렇게 살겠어! 꼭 이것을 이루겠어! 새해 첫날이면 어김없이 소원을 빕니다. 하지만 발원과 소망 대부분은 이루어지지 않습니다. 왜 그럴까요?

'성취'를 바라는 마음에는 반드시 자비와 지혜가 함께해야 하는데, 자비와 지혜의 자리에 욕심이 대신 들어차 있기 때문입니다. 욕심으로 바라는 것이 아니라 자비롭고 지혜로운 마음으로 소원을 빌 때 성취할 수 있는 것입니다. 자비롭고 지혜로운 성취란 무엇일까요?

> 자비로운 성취란
> 나 혼자만을 위한 것이 아니라
> 주변과 대중을 살피고 위하는 마음에서 얻은 성취요,
>
> 지혜로운 성취란
> 막연한 소망에 그치는 것이 아니라
> 자신을 어떻게 변화시킬 것인지에 초점이 맞추어진 성취입니다.

나만 잘되기 위해서가 아니라 '우리, 함께'를 위한 기도여야 하고, 바라는 것을 위해 자신의 생각, 말, 행동을 변화시키는 고민이 앞서야 합니다. 자비심이 없는 기도와 발원은 이루어지지 않습니다. 오늘은 '무엇을 성취하고 발원할 것인가?' '내가 할 수 있는 자비롭고 지혜로운 성취는 무엇일까?'를 깊이 생각하고 다짐해보는 하루 되시길 바랍니다.

∾ 붓다의 말

생각해야 할 것을 생각하면 바르고
생각하지 말아야 할 것을 생각하면 그릇된 것이다.
지혜로워 그릇된 것을 일으키지 않고
생각이 바르면 비로소 도가 성취된다.
- 《법구경》

∾ 오늘 나의 마음 이야기

미 미안합니다 (오늘 하루 잘못한 일)

_____

_____

_____

고 고맙습니다 (오늘 하루 고마운 일)

_____

_____

_____

사 사랑합니다 (오늘 하루 나눈 사랑)

_____

_____

_____

CHECK LIST

정념수행	자비명상	108배	자비경	긍정단어	발원문	보시	선행공덕	맞춤수행	생활명상

77 DAY

오늘의 화두
자비

우리는 늘 '자비'를 이야기합니다. 그런데 자비란 무엇일까요? 흔히 남을 깊이 사랑하고 가엾이 여기는 마음이라고 생각합니다. 조금 더 깊이 들어가 보겠습니다. 자비에는 자애와 연민이라는 의미가 모두 들어있습니다. 비슷하면서도 다른 의미를 가진 자애와 연민. 자애는 뭇 생명이 행복하기를 바라는 마음이고, 연민은 고통에서 벗어나기를 바라는 마음입니다. 불교에서는 이 둘의 의미를 함께 엮어 자비라고 보는데, 결국 모든 존재가 고통에서 벗어나 행복하기를 바라는 마음을 이릅니다.

> 부처님께서 말씀하신 극락은
> 내 마음속에 '자비'가 있을 때 갈 수 있습니다.
>
> 지금 이 순간
> 내 마음을 잘 바라보십시오.
> 화, 미움, 원망 등이 있다면 그곳이 곧 지옥입니다.
> 자애, 연민, 이해, 사랑이 있다면 그곳이 곧 극락입니다.

극락을 살든 지옥에 살든 타인이 결정해주는 것이 아니라 자신이 만드는 것입니다. 자비의 꽃을 피우면서 말이죠!
오늘도 마음 밭에 자비의 꽃을 피우도록 노력하십시오.

～ 붓다의 말

늘 진실과 자비의 마음이면
내가 서 있는 그곳이 바로 극락이라.
-《화엄경》

～ 오늘 나의 마음 이야기

미 미안합니다 (오늘 하루 잘못한 일)

_____

_____

_____

고 고맙습니다 (오늘 하루 고마운 일)

_____

_____

_____

사 사랑합니다 (오늘 하루 나눈 사랑)

_____

_____

_____

CHECK LIST

정념수행	자비명상	108배	자비경	긍정단어	발원문	보시	선행공덕	맞춤수행	생활명상

감사하면 감사할 일이 생깁니다

한 여행자가 티베트에 갔다가 너무 행복해 보이는 스님을 만났습니다. 그 비결을 묻자, 스님은 이렇게 대답했습니다.

"내 웃는 얼굴은 내 삶이 완벽하다는 의미가 아니고, 가진 것에 감사하고, 일어나는 일을 받아들인다는 뜻이랍니다."

'감사합니다'라는 말을 천천히 반복하다 보면 우울하던 마음이 가라앉고 온화해집니다. '감사합니다'라는 말에는 긍정의 힘이 있어 우리 마음은 감사할 일들을 떠올리게 됩니다.

하루에 단 1분이라도 '감사합니다'라는 말을 통해 세상을 향해, 사람들을 향해 몸을 낮추십시오. 그 감사의 에너지가 따뜻하고 아름다운 기운을 당신에게 불러올 것입니다. 하늘 한 번 쳐다보고 숨 한 번 깊게 내쉬고 들이마시며 입가에 미소를 지어보십시오. 지금 살아있음을 느껴보십시오. 영화를 보듯 선명하게 지금 이 순간 몸과 마음의 느낌을 알아차림 해보시기 바랍니다.

우리는 누구나 행복한 삶을 꿈꿉니다. 많은 분들이 행복을 찾아서 길을 떠납니다. 하지만 너무 멀리 가지는 마십시오. 그 행복은 바로 '지금 여기' 우리가 내쉬고 들이마시는 숨 사이에 있답니다.

지금 이 순간의 나의 말, 나의 행동, 나의 생각에 따라 나의 미래가 바뀝니다. 오늘 나에게 닥쳐온 일은 과거 씨앗의 열매이고, 오늘 내가 뿌린 씨앗은 미래에 거둬들일 열매입니다. 지금 이 순간 감사하면 감사의 씨앗이 심겨져 감사의 열매를 거두게 됩니다.

아침에 눈을 뜨면 "어젯밤 죽지 않아서 감사합니다" 하며 합장해봅니다. 심장을 어루만지면서 "심장아, 고마워!"라고 해보십시오. 하루가 시작되는 것은 나에게 할 일이 있기 때문입니다. 복을 지을 수 있는 기회가 왔다는 얘기입니다.

생활 명상 나를 이 자리에 있게 해준 고마운 사람 5

나를 이 자리에 있게 해준 내 인생의 가장 고마운 사람
다섯 명에게 연락하여 감사를 전하세요.

78 DAY

오늘의 화두
진취

적극적으로 나아가 일을 이룩하는 것을 '진취'라고 합니다. 적극적으로 나아간다는 말이 참 맘에 드는데요, 대상에 대한 태도가 능동적이고 긍정적인 느낌이기 때문일 겁니다. 자신이 중심이 되어서 방향을 정하고 스스로 이루려는 노력은 불교에서 내 고집, 내 틀, 내 습을 거듭 털고 일어나 부처님을 닮고자 정진하는 수행을 뜻한다고 할 수 있습니다. 곧 '원력'을 말합니다. 부처님 제자로 나아가야 하는 바를 알고 이를 이루고자 발원하며 삶에서 실천해 나가는 것. 원력을 가지고 나아가는 것이 '진취'입니다.

> 우리가 이 세상에 머무는 시간은 한정되어 있습니다.
> 이 때문에 우리에게는 수행이 필요하고
> 수행을 통해 이루어야 할 목표가 있어야 합니다.
>
> 지금 이 순간을 긍정적이고 능동적으로 받아들이는
> 진취적인 자세가 필요합니다.
> 내 삶의 주인공은 바로 '나'이기 때문입니다.

오늘도 스스로를 잘 살펴보시기 바랍니다. '나는 어떤 태도를 살아가고 있나.' '지금 만나는 사람을 어떤 태도로 대하고 있나.' '나는 지금 어떤 생각, 어떤 말, 어떤 행동을 하고 있나.' 순간순간 바라보는 명상을 통해서 방향을 바꿀 수 있습니다. 진취의 힘은 여기에 있습니다.

∽ 붓다의 말

너희들은 저마다 자기 자신을 등불로 삼고 자기 자신을 의지하여라. 진리를 등불로 삼고 진리에 의지하여라. 이 밖에 다른 것에 의지해서는 안 된다. 내가 간 후에 내가 말한 가르침이 곧 너희들의 스승이 될 것이다. 모든 것은 덧없으니 게으르지 말고 부지런히 정진하라.

-《열반경》

∽ 오늘 나의 마음 이야기

미 미안합니다 (오늘 하루 잘못한 일)

_____

_____

_____

고 고맙습니다 (오늘 하루 고마운 일)

_____

_____

_____

사 사랑합니다 (오늘 하루 나눈 사랑)

_____

_____

_____

CHECK LIST

정념수행	자비명상	108배	자비경	긍정단어	발원문	보시	선행공덕	맞춤수행	생활명상

79 DAY

오늘의 화두
침묵

'침묵'은 명상에서 매우 중요합니다. 말을 멈춤으로써 나와 내 주변을 정확히 바라볼 수 있기 때문이지요. 지금 내 숨소리, 마음 상태…, 지금 내 주변에서 일어나는 상황은 침묵 속에서 더욱 빛을 발합니다.

우리는 말을 통해서 참으로 많은 업을 짓고 삽니다. 업은 습관에 의해서 만들어집니다. 침묵은 내 입에 '잠깐 멈춤'이라는 시간을 부여하고, 그 시간으로 우리는 조금 더 현명하고 지혜로운 선택을 할 수 있습니다. 잠깐 멈추는 그 순간이 깨어 있음을 가능하게 합니다.

멈추면 보입니다.
지금 이 순간 나의 모습이 보입니다.

내가 하는 생각과
내가 하는 말과
내가 하는 행동이 보입니다.

침묵은 그저 입을 닫고 말없이 있는 게 아니라 지금 이 순간으로 집중하게 합니다. 그리고 '아하'라는 깨달음을 주지요. 아하, 지금 내가 이런 말을 했구나! 아하, 지금 내가 이런 생각을 했구나! 아하, 지금 내가 이런 행동을 했구나! 침묵을 통해 보이기 시작합니다. 그렇기에 명상의 시작은 침묵이라고 합니다. 침묵은 내 안의 나를 만나는 소중한 시간입니다. 단 1분이라도 고요히 앉아 눈을 감고 침묵 명상을 해봅시다.

∿ 붓다의 말

어리석은 사람은
지혜로운 사람을 이기고자
거친 말과 악담을 마구 퍼붓지만,
진실로 이기려는 사람은 많은 말보다
차라리 침묵을 지키느니라.
-《법집요송경》

∿ 오늘 나의 마음 이야기

미 미안합니다 (오늘 하루 잘못한 일)

_____

_____

_____

고 고맙습니다 (오늘 하루 고마운 일)

_____

_____

_____

사 사랑합니다 (오늘 하루 나눈 사랑)

_____

_____

_____

CHECK LIST

정념수행	자비명상	108배	자비경	긍정단어	발원문	보시	선행공덕	맞춤수행	생활명상

80 DAY

건강

정신적으로나 육체적으로 아무 탈이 없이 튼튼한 상태를 '건강'하다고 이릅니다. 몸과 정신이 함께한다는 의미지요. 어느 한쪽으로 치우치지 않고 몸과 정신을 균형 있게 보살피는 것이 건강한 삶입니다.

> 우리는 일을 앞세워서
> 돈을 앞세워서
> 노는 것을 앞세워서
> 건강을 미룹니다.
> 하지만 지나고 나서 후회합니다.
> 나중에 챙기려다 보면 나의 모습은 변해 있습니다.
> 눈앞의 일 때문에 중요한 것을 허무하게 놓쳐버리는 겁니다.

순간순간을 살피고 가꾸어야 합니다. 몸의 근육, 마음의 근육을 튼튼히 가꾸어야 쉽게 쓰러지고 좌절하지 않습니다. 건강을 지키는 것은 살아 있음을 소중히 여기는 것입니다. 살아 있기에 수행도 할 수 있고 공부도 할 수 있고 참회도 할 수 있고 보시도 할 수 있습니다. 부처님은 말씀하셨습니다. "사람은 반드시 죽는다. 언제 죽을지 모른다. 죽을 때 아무것도 가져가지 못한다." 몸과 마음의 건강을 가꾸는 시간은 하루 10분으로도 충분합니다. 살아있음이 감사한 날들, 하루 10분 명상을 통해 몸과 마음의 건강을 지키도록 합시다.

～ 붓다의 말

세상에 생겨난 것이란 죽고야 말고 목숨이 길다 해도 끝이 있나니.
성한 것은 반드시 쇠하여지고 모인 것은 마침내 헤어진다네.
젊었던 나이라도 오래 못 가고 건강에는 병고가 침노하나니,
이 목숨은 죽음이 빼앗아 가서 항상 있는 법이라곤 하나도 없네.
- 《아함경》

～ 오늘 나의 마음 이야기

미 미안합니다 (오늘 하루 잘못한 일)

___

___

___

고 고맙습니다 (오늘 하루 고마운 일)

___

___

___

사 사랑합니다 (오늘 하루 나눈 사랑)

___

___

___

CHECK LIST

정념수행	자비명상	108배	자비경	긍정단어	발원문	보시	선행공덕	맞춤수행	생활명상

81 DAY

오늘의 화두
격려

'격려'라는 말만 들어도 든든하고 기운이 나지요. 아시다시피, 용기나 의욕이 솟아나도록 북돋아 주는 게 격려입니다. 누군가를 격려해도 좋고, 누군가에게 격려를 받아도 좋습니다.

눈을 감고 숨을 깊이 들이쉬고 내쉬어 봅니다.
격려해주고 싶은 사람을 떠올립니다.
그리고 그 사람을 향해
마음으로 합장하고 미소를 지으며 말해봅니다.

"당신은 무엇과도 바꿀 수 없이 소중한 존재입니다."
"당신이 탐진치에서 벗어나 행복하기를 바랍니다."

오늘부터 사랑하는 사람을 떠올리며 격려의 마음을 보내주세요. 미워하는 사람을 떠올리면서도 격려의 마음을 보내주세요. 그 사람과 나의 관계가 개선될 것입니다. 만나는 모든 사람에게 미소 한 번 칭찬의 말 한마디를 건네 보세요. 그 순간 우리는 행복의 씨앗을 심는 것입니다. 오늘도 당신을 응원합니다.

∾ 붓다의 말

믿음이 없는 부모님은 격려하여 믿음을 심어드리고, 부도덕한 부모님은 격려
하여 계행 속에 살도록 돕고, 인색한 부모님은 격려하여 너그러운 관용의 마
음을 심어드리고, 어리석은 부모님은 격려하여 지혜를 심어드리며 확고히 정
착되도록 하면 바로 이렇게 하는 사람이야말로 부모님의 은혜를 갚는 사람이
다. 이런 사람은 부모님에게 해야 하는 것보다 더 많은 것을 갚는 사람이다.

- 《앙굿따라 니까야》

∾ 오늘 나의 마음 이야기

미 미안합니다 (오늘 하루 잘못한 일)

_____

_____

고 고맙습니다 (오늘 하루 고마운 일)

_____

_____

사 사랑합니다 (오늘 하루 나눈 사랑)

_____

_____

CHECK LIST

정념수행	자비명상	108배	자비경	긍정단어	발원문	보시	선행공덕	맞춤수행	생활명상

82 DAY

오늘의 화두
관용

'관용'은 남의 잘못을 너그럽게 받아들이고 용서하는 것이며, '부처님과 같이' 넓고 깊은 마음입니다. 용서란 어려운 일이지만, 상대를 위하는 게 아니라 실상은 나를 위한 일임을 알아야 합니다.

다른 사람의 잘못을 보면 어떤가요? 탓하고 싶고 꾸짖고 싶고 가르쳐주고 싶은 욕구가 올라오지요. 이때 잘못을 바라보는 태도가 나의 마음입니다. 잘못했기에 그 사람을 비난할 수 있는 건 아닙니다. 잘못한 사람을 향해 일으키는 생각, 말, 행동은 나의 씨앗이고, 나의 업입니다. 잘못을 저지른 사람을 모른 척 회피하는 것 또한 올바른 방법이 아닙니다. 우선 그 자리를 떠나, 지혜롭게 잘못을 말해 줄 기회를 만드는 게 좋습니다. 자, 타인의 잘못을 마주하는 순간, '내 마음 살펴보기'를 해보세요.

'지금 나의 마음에는 무엇이 올라오는가?'
'지금 나는 무슨 생각을 하는가?'
'지금 나는 무슨 말을 하고 싶은가?'
'지금 나는 무슨 행동을 하려 하는가?'

나의 마음을 바라보면, 잘못을 향해 화를 내고 욕을 하는 게 아니라, 그 사람을 위한 자비와 지혜가 나옵니다. 이것이 '관용'의 태도입니다. 비난하는 마음을 내려놓고 그 사람에게 자비와 지혜가 생겨나기를 기도해주세요. 이 기도가 그 사람에게 씨앗이 되어줄 것입니다.

∽ 붓다의 말

계율과 선정과 지혜에 의해 해탈을 얻었고
해탈의 지혜에 의한 통찰력을 갖추었으며
진실과 자비와 관용 그리고 인욕으로 충만하여
그의 사랑은 모든 생명을 평등하게 감싸고 있으니
사람들은 그를 일러 전능한 부처라 부른다.
- 《본생경》

∽ 오늘 나의 마음 이야기

미 미안합니다 (오늘 하루 잘못한 일)

_____

_____

_____

고 고맙습니다 (오늘 하루 고마운 일)

_____

_____

_____

사 사랑합니다 (오늘 하루 나눈 사랑)

_____

_____

_____

CHECK LIST

정념수행	자비명상	108배	자비경	긍정단어	발원문	보시	선행공덕	맞춤수행	생활명상

83 DAY

오늘의 화두
끈기

'끈기'란 쉽게 단념하지 않고 끈질기게 견뎌 나가는 기운입니다. 우리는 무엇을 향해 끈기 있게 나아가야 할까요? 부처님은 우리를 위해 '팔정도'를 통해 올바르게 정진하는 깨달음의 길을 보여주셨습니다.

① 정견正見 : 올바로 보는 것.
② 정사正思, 정사유正思惟 : 올바로 생각하는 것.
③ 정어正語 : 올바로 말하는 것.
④ 정업正業 : 올바로 행동하는 것.
⑤ 정명正命 : 올바로 목숨을 유지하는 것.
⑥ 정근正勤, 정정진正精進 : 올바로 부지런히 노력하는 것.
⑦ 정념正念 : 올바로 기억하고 생각하는 것.
⑧ 정정正定 : 올바로 마음을 안정하는 것이다.

고통을 소멸하는 참된 진리인 8가지 덕목입니다. 곧 포기하지 않는 마음, 단념하지 않는 마음, 꾸준히 나아가는 마음입니다. 끈기를 통해 우리는 부처님 말씀처럼 고통과 번뇌에서 벗어날 수 있습니다. 끈기 있는 사람은 마음의 뿌리를 튼튼히 내려 세차게 불어오는 비바람에도 거뜬히 견뎌낼 수 있습니다.

오늘도 명상의 시간을 통해 '나는 어느 정도 끈기 있게 수행하고 있는지', '얼마나 튼튼한 뿌리로 불어오는 바람에 흔들리지 않는 나무가 되어 있는지' 살펴보는 시간 되시기를 바랍니다.

∿ 붓다의 말

> 잘 행하여 몸에 대해 항상 주의를 기울이고, 해서는 안 되는 일을 하지 않고,
> 해야 할 일들을 끈기 있게 해나가는 이들에게는 '주의 깊음(sati)'과 '분명한 앎
> (sampaja-na)'의 이익으로 번뇌가 사라진다.
> -《법구경》

∿ 오늘 나의 마음 이야기

미 미안합니다 (오늘 하루 잘못한 일)

_____

_____

고 고맙습니다 (오늘 하루 고마운 일)

_____

_____

사 사랑합니다 (오늘 하루 나눈 사랑)

_____

_____

CHECK LIST

정념수행	자비명상	108배	자비경	긍정단어	발원문	보시	선행공덕	맞춤수행	생활명상

84 DAY

대화

우리가 주고받는 '대화'는 마음에 있는 생각과 자신이 경험한 일을 담고 있습니다. 자신을 표현하기도 하고 상대방의 이야기를 듣는 과정이지요. 그런데 요즘 대화가 되지 않아서 고통받는 경우를 종종 봅니다. 소통을 위한 대화가 불통이 되어서 증오를 남기는 자리가 되는 겁니다.

이유가 무엇일까요? 상대의 말과 뜻에는 관심이 없고 자신의 이야기만 하기 때문이지요. 사실 우리는 더 깊고 소중한 대화에 대해서 생각해야 합니다. 바로 침묵입니다. 침묵에는 대화보다 더 커다란 이야기가 있습니다. 침묵을 통해 우리는 조금 더 대화를 잘 할 수 있습니다.

지금 나는 어떤 말을 하고 있는가?
'알아차림' 해봅시다.

나는 다른 사람과의 대화에서
긍정적인 씨앗을 심는 사람인지
부정적인 씨앗을 심는 사람인지 바르게 보아야 합니다.

지금 내 입에서 떨어진 말은
씨앗이 되어 이 세상에 심어집니다.

오늘도 나의 대화를 알아차리는 하루 되시길 바랍니다. 하루 5분이라도 침묵하는 시간을 갖고 내면의 나와 대화해보십시오.

∽ 붓다의 말

의미 없는 천 마디 말보다 들어서 평온해지는
의미 있는 한 마디가 더 낫다.
의미 없는 백 편의 시구보다 들어서 평온해지는
한 마디 진리의 말씀이 더 낫다.
- 《법구경》

∽ 오늘 나의 마음 이야기

미 미안합니다 (오늘 하루 잘못한 일)

_____

_____

_____

고 고맙습니다 (오늘 하루 고마운 일)

_____

_____

_____

사 사랑합니다 (오늘 하루 나눈 사랑)

_____

_____

_____

CHECK LIST

정념수행	자비명상	108배	자비경	긍정단어	발원문	보시	선행공덕	맞춤수행	생활명상

복의 그릇

신라 시대 의상 대사가 쓴 《법성게法性偈》 말미에 이런 말씀이 나옵니다. '우보익생 만허공雨寶益生 滿虛空, 중생수기 득이익衆生隨器 得利益.' 우리 삶을 이롭게 하는 보배 비가 허공 가득 내리는데, 중생들은 자기가 가져온 그릇만큼만 그 보배를 가져간다는 뜻입니다.

복은 멀리서 오는 게 아닙니다. 오늘 하루, 지금 이 순간이 내 인생 최고의 축복입니다. 오늘 깨어 있으면 복의 그릇을 키우고 있는지 복의 그릇을 작게 만드는지 알 수 있습니다.

불교 경전 《백유경百喩經》에는 3층 누각을 짓고 싶어 하는 한 부자의 이야기가 나옵니다. 그 부자는 목수를 불러 화려하고 멋진 3층 누각을 지어달라고 합니다. 며칠 동안 목수는 땅을 고르고 벽돌을 쌓으며 누각을 짓기 시작했습니다. 그런데 부자는 "3층 누각을 짓는다면서 왜 아래층을 짓고 있나. 3층을 지어주게"라고 합니다.

목수는 자세하게 설명을 했습니다. "아래층을 짓지 않고는 2층을 지을 수 없습니다. 2층을 짓지 않고는 3층을 지을 수 없습니다. 지금 3층 누각을 짓기 위해 아래층을 짓고 있으니 조금만 기다리시면 3층이 지어질 것입니다."

하지만 부자는 고집스럽게 말했습니다.

"나는 아래층이나 2층은 필요가 없네. 3층을 지어주게."

적은 노력으로 큰 성과를 내려 하고, 공부는 조금 하고 좋은 대학에 들어가기를 원하고, 열심히 노력하지 않고 승진은 남보다 빨리하려 하고, 남을 대접하지 않고 남에게서 대접받으려 하는 우리는 어리석은 부자와 비슷합니다. 많은 사람들이 받고자 하는 복은 만에 하나 있을까 말까 한 요행이 아니고는 이루어질 수 없는 것들입니다. 우리는 심지 않고 거두려는 욕심 때문에 항상 괴로움 속에 살고 있습니다. 복을 받기 위해 당신은 지금 이 순간 어떤 복의 씨앗을 심고 있습니까?

생활 명상) 남모르게 복 짓기

나는 그동안 복을 짓고 살았습니까, 복을 까먹고 살았습니까.
내 통장 속에 있는 복의 양을 살펴봅니다. 모자란다면 주변 사람들이
알지 못하도록 작은 친절을 실천해보세요. 나의 복 통장이 두둑해집니다

85 DAY

오늘의 화두
명상

'명상'에는 특별히 정해진 방식이 없습니다. 서 있든, 앉아 있든, 걸어가든, 무슨 일을 하든 가능합니다. 따로 시간을 내 가부좌 자세로 하는 것도 좋지만, '지금 이 순간'에 머무는 마음이 더 중요합니다. 요리할 때는 요리에, 설거지할 때는 설거지에 머무는 것. 그 순간순간 들이쉬고 내쉬는 들숨과 날숨을 느끼며 감각, 생각, 감정들을 바라보는 것. 이것이 바로 '명상'입니다. 명상은 어렵지 않지만, 실천하는 일이 어렵습니다. 그러나 한 번 두 번 습관이 되면 자연스럽고 쉬워집니다. 습관이 곧 업이며 업이 곧 삶이지요.

눈을 감고 숨을 깊이 들이쉬고 내쉽니다.
앉은 상태에서 허리를 곧추세우고 어깨를 내려뜨리며
온몸에 움츠리고 있던 긴장을 내려놓습니다.
코끝을 통해 들어오는 들숨과 날숨에 집중합니다.
머릿속에 떠오르는 생각을 따라가지 말고
들숨과 날숨에 집중하며 생각이 올라오고 사라짐을 바라봅니다.
몸이 전하는 여러 가지 감각들을 느끼며 바라봅니다.
몸이 보내는 신호에 바로 움직이지 말고
그저 그 부위를 가만히 바라봅니다.
순간순간 일어나는 감각, 생각, 감정을 있는 그대로 바라보며
올라오고 사라지는 변화들을 알아차림 합니다.

고정된 실체 없이 매 순간 변화하고 있음을 명상을 통해 알 수 있습니다.

∽ 붓다의 말

명상에서 지혜가 생긴다.
생과 사의 두 길을 알고 지혜가 늘도록
자기 자신을 일깨워라.
-《법구경》

∽ 오늘 나의 마음 이야기

미 미안합니다 (오늘 하루 잘못한 일)

_____

_____

고 고맙습니다 (오늘 하루 고마운 일)

_____

_____

사 사랑합니다 (오늘 하루 나눈 사랑)

_____

_____

_____

CHECK LIST

정념수행	자비명상	108배	자비경	긍정단어	발원문	보시	선행공덕	맞춤수행	생활명상

86 DAY

오늘의 화두

배려

'배려'는 자비와 많이 닮아 있습니다. 배려가 깊어지고 몸에 익으면 자비로 승화되는 것입니다. 내가 누군가를 배려하는 생각, 말, 행동을 할 때도 기쁘고, 누군가에게서 같은 배려를 받을 때도 기쁩니다. 배려에는 '나와 똑같이'라는 마음이 있기 때문입니다.

상대방을 향해 미소 짓고, 따뜻한 말을 건네고, 좋은 점을 찾아 칭찬하는 행동은 어렵지 않습니다. 오늘은 한용운 스님의 시 〈나룻배와 행인〉을 함께 나누며 배려와 자비의 뜻을 새겨봅니다.

나는 나룻배
당신은 행인

당신은 흙발로 나를 짓밟습니다.
나는 당신을 안고 물을 건너갑니다.
나는 당신을 안으면 깊으나 얕으나 급한 여울이나 건너갑니다.
만일 당신이 아니 오시면 나는 바람을 쐬고 눈비를 맞으며 밤에서
낮까지 당신을 기다리고 있습니다.
당신은 물만 건너면 나를 돌아보지도 않고 가십니다그려.
그러나 당신이 언제든지 오실 줄만은 알아요.
나는 당신을 기다리면서 날마다 날마다 낡아 갑니다.

나는 나룻배
당신은 행인

～ 붓다의 말

우러러볼수록 더욱 높고
팔수록 더욱 깊고
친할수록 더욱 경외로운 곳에
진정 크고 아름다운 친절이 있다.
-《법구경》

～ 오늘 나의 마음 이야기

미 미안합니다 (오늘 하루 잘못한 일)

_____

_____

_____

고 고맙습니다 (오늘 하루 고마운 일)

_____

_____

_____

사 사랑합니다 (오늘 하루 나눈 사랑)

_____

_____

_____

CHECK LIST

정념수행	자비명상	108배	자비경	긍정단어	발원문	보시	선행공덕	맞춤수행	생활명상

87 DAY

오늘의 화두

소망

'소망'을 불교에서는 '발원'이라는 표현으로 자주 사용합니다. 발원은 어리석고 나쁜 마음을 모두 버리고 부처님처럼 크고 넓고 맑은 마음으로 살아가려고 다짐하는 불자의 바람입니다. 그렇기에 모든 법회의 끝에는 '사홍서원'을 노래합니다.

> 중생을 다 건지오리다.
> 번뇌를 다 끊으오리다.
> 법문을 다 배우오리다.
> 불도를 다 이루오리다.

여기에 얼마나 크고 깊은 서원이 들어있는지 느껴보셨나요? 소망은 욕망과 비슷한 단어임에도 차이가 큽니다. 나라는 주인공이 이루고 싶은 목표가 극명하게 다르기 때문입니다. 욕망에는 자신만을 위하는 이기심이 있지만, 소망에는 나와 남을 위하는 이타심이 들어있습니다. 즉 소망에는 '자리이타'의 정신이 깃들어야 합니다. 소망을 품는 것은 세상에 씨앗을 심는 것과 같습니다. 씨앗이 싹트고 자라서 열매가 되어 나에게 다시 돌아오겠지요. 지금 이 순간 내가 무슨 씨앗을 심는지 아는 것이 중요합니다.

오늘은 나만을 위한 욕망을 내려놓고 나와 남을 위한 소망을 세워보는 시간 꼭 가지시길 바랍니다. 너무 먼 미래에 이루어지는 소망이 아니라 일상에서 행할 수 있고 실천할 수 있는 소망을 적어보세요.

～ 붓다의 말

　　말할 수 없는 곳 열반을 소망하여
　　한결같이 모든 욕망에 속박되지 않는 사람은
　　열반에 가까운 사람이라고 말해지리니.
　　-《법구경》

～ 오늘 나의 마음 이야기

미 미안합니다 (오늘 하루 잘못한 일)

_____

_____

고 고맙습니다 (오늘 하루 고마운 일)

_____

_____

사 사랑합니다 (오늘 하루 나눈 사랑)

_____

_____

CHECK LIST

정념수행	자비명상	108배	자비경	긍정단어	발원문	보시	선행공덕	맞춤수행	생활명상

88 DAY

오늘의 화두
충만

'충만'한 상태는 어떤 것일까요? 모든 것이 가득 차 틈도 없이 빽빽한 것일까요? 텅 비어 있는 그 공간의 충만함을 느끼는 것일까요? 오늘 화두는 '텅 빈 충만'입니다. 아무것도 없이 텅 빈 상태와 가득 차 있는 충만은 반대의 의미 같지만, 이처럼 어울리는 조합도 없습니다. 텅 비어 있기에 충만할 수 있습니다. 내려놓을수록 우리는 우리 존재를 있는 그대로 바라보고 알아갈 수 있습니다. 텅 비어 있기에 충만하다는 건 이와 같은 이치입니다.

겨울 동안 묵은 습과 욕심을 내려놓고 비울 때, 봄의 나무들은 곱고 어여쁜 꽃을 피워냅니다. 봄의 만개한 꽃은 결국 겨울 앙상한 가지의 텅 빈 충만함에서 비롯된 것입니다.

숨을 깊이 들이쉬고 내쉬며 음미해 봅니다.
'텅 비어 있기에 충만합니다.'

이 명상을 통해 우리가 어떤 마음을 충만하게 채워나가야 하는지 또 그러한 충만의 결과로 어떻게 행복과 평정을 얻을 수 있는지 알 수 있습니다.

오늘은 텅 빈 충만을 경험하는 하루를 만들어보시기 바랍니다. 나는 무엇을 내려놓아야 할까? 나는 어떤 고집을 비워야 할까? 나는 무슨 욕심을 비워야 할까? 깊게 사유하는 시간 가져보십시오.

∿ 붓다의 말

> 부처님 가르침에 대해
> 희열과 믿음으로 충만한 비구는
> 조건 지어진 것들이 정지된 상태,
> 최상의 행복과 평정을 얻게 되리니.
> -《법구경》

∿ 오늘 나의 마음 이야기

미 미안합니다 (오늘 하루 잘못한 일)

_____

_____

_____

고 고맙습니다 (오늘 하루 고마운 일)

_____

_____

_____

사 사랑합니다 (오늘 하루 나눈 사랑)

_____

_____

_____

CHECK LIST

정념수행	자비명상	108배	자비경	긍정단어	발원문	보시	선행공덕	맞춤수행	생활명상

89 DAY

오늘의 화두
친밀

나와 '친밀'한 인연의 사람을 떠올려봅니다. 가슴이 따뜻해지고 입가에는 미소가 지어지지요? 모든 관계는 인연으로 맺어져 있습니다. 이 관계를 더욱 돈독하게 하려면 무엇이 필요할까요? 배려와 이해입니다. 배려는 나에게 온 인연을 나와 똑같이 생각해서 돕고 보살피는 마음이며, 이해는 다른 사람의 마음을 잘 알아서 받아들이는 마음입니다. 모든 인연이 친밀한 관계로 발전하는 것은 아닙니다. 친밀해지려면 그 사람을 나와 똑같이 바라보고 이해하며 받아들이는 자세가 필요합니다.

> 이웃으로 인해 큰 자비심을 일으키고
> 자비심으로 인해 보리심을 내며
> 보리심으로 인해 깨달음을 이루나니
> 깨달음은
> 이웃과 자비심으로 그 근본을 삼느니라.

《화엄경》에 담긴 부처님 말씀입니다. 부처님은 나와 내 주변으로부터 자비심이 나와야 한다고 하셨습니다. 자비심으로 내 안을 밝게 빛내고, 차츰 그 빛을 내 가족과 인연에게 나누어주는 사람이 되어야 한다는 말씀이지요. 오늘은 나의 인연들을 하나하나 떠올리며 감사의 마음을 보내는 시간 가지시기를 바랍니다. '고통에서 벗어나 행복하기를' 진심으로 기도해주시는 겁니다. 자비심으로 발현된 친밀함이야말로 최상의 복덕입니다.

∿ 붓다의 말

마땅히
친한 벗에 대해서는
그의 허물을 보지 않아야 하고
친한 벗과는 마음과 염원이 같고
서로 생각하면서 늘 잊지 않아야 한다.
- 《별역잡아함경》

∿ 오늘 나의 마음 이야기

미 미안합니다 (오늘 하루 잘못한 일)

_____

_____

_____

고 고맙습니다 (오늘 하루 고마운 일)

_____

_____

_____

사 사랑합니다 (오늘 하루 나눈 사랑)

_____

_____

_____

CHECK LIST

정념수행	자비명상	108배	자비경	긍정단어	발원문	보시	선행공덕	맞춤수행	생활명상

90 DAY

평화

'평화'는 조용하고 평안하다는 '평온'과 서로 잘 어울린다는 '조화'가 합쳐진 말입니다. 모든 존재는 그저 있는 그대로 조화로울 뿐 억지로 힘을 써서 만들어지거나 바뀐 상태가 아닙니다. 평화는 외부에서 주어지는 것이 아니라 내 마음에서 시작하는 것이지만, 억지로 힘을 써서 내 마음대로 이끌 수도 없습니다.

내 마음의 평화를 찾는 일에 소홀해서는 안 됩니다. 내 마음이 평화로 밝게 빛날 때 그 빛을 다른 이에게 나누어줄 수 있을 뿐만 아니라, 마음의 평화를 찾고 유지함으로써 우리는 깨달을 수 있기 때문입니다.

내 안의 평화에 가장 방해되는 것은 무엇일까요?
욕심과 고집입니다.
있는 그대로 바라보고 인정할 때 비로소 평화가 싹틉니다.

나는 나로서 너는 너로서
꽃은 꽃으로서 나무는 나무로서
살아 있는 모든 것은 존재 자체로 아름답습니다.

오늘은 나를 불편하게 한 사람, 내 마음의 평화를 방해하는 사람을 떠올리고, 그 사람을 있는 그대로 바라보는 연습을 해보는 겁니다. 그리고 그를 위한 축원의 시간을 가져보겠습니다. 그를 축원하는 순간 마음이 홀가분해지고 평화로워짐을 느낄 수 있을 것입니다. 평화가 곧 행복입니다.

∾ 붓다의 말

강한 욕망보다 위험한 불이 없고
증오만 한 죄악은 없네.
육체만 한 괴로움이 없고
평화보다 높은 행복은 없네.
- 《법구경》

∾ 오늘 나의 마음 이야기

미 미안합니다 (오늘 하루 잘못한 일)

_____

_____

고 고맙습니다 (오늘 하루 고마운 일)

_____

_____

사 사랑합니다 (오늘 하루 나눈 사랑)

_____

_____

CHECK LIST

정념수행	자비명상	108배	자비경	긍정단어	발원문	보시	선행공덕	맞춤수행	생활명상

91 DAY

오늘의 화두
경청

소통은 '경청'에서 시작합니다. 요즘처럼 경청이 중요한 때가 있을까 싶을 만큼 불통을 호소하는 시대입니다. 귀 기울여 듣는다는 건 상대의 말뿐 아니라 생각과 마음, 나아가 행동까지 바르게 보고 받아들일 수 있어야 합니다. 경청에는 타인을 너그럽게 감싸주고 받아들이는 수용의 마음이 들어있습니다.

누구나 자기 말을 주의 깊게 듣고 수용할 때 행복감을 느낍니다. 하지만 안타깝게도 우리는 귀를 열고 타인의 말을 듣기보다 자신의 이야기로 상대를 아프게 하는 경우가 더 많습니다. 그렇게 서로의 마음을 닫게 됩니다. 지금 주변 사람들과 관계가 불편하다면 경청이 아주 좋은 처방이 될 것입니다.

오늘부터 다른 사람을 비난하고 탓하며 아프게 했던
습관적인 행동을 멈추기로 합니다.

먼저 상대방의 말을 주의 깊게 들어보세요.
어떤 감정과 생각이 올라오더라도 멈추세요.
귀로만 듣지 말고 마음으로 들어보세요.
진심으로 귀 기울이며 이해해보세요.

이 과정에서 내 마음에 일어나는 변화를 경험하게 됩니다. 상대의 말과 내 마음 안의 말을 동시에 듣는 거지요. 이것이 참다운 경청이고, '경청 명상'입니다.

∾ 붓다의 말

　모든 재앙은 입으로부터 나온다. 맹렬한 불길이 집을 태워 버리듯 말을 조심하지 않으면 결국 그것이 불길이 되어 내 몸을 태우게 된다. 불행한 운명은 바로 자신의 입에서부터 시작된다. 입은 몸을 치는 도끼요, 몸을 자르는 칼날이다.

-《법구경》

∾ 오늘 나의 마음 이야기

미 미안합니다 (오늘 하루 잘못한 일)

_____

_____

_____

고 고맙습니다 (오늘 하루 고마운 일)

_____

_____

_____

사 사랑합니다 (오늘 하루 나눈 사랑)

_____

_____

_____

CHECK LIST

정념수행	자비명상	108배	자비경	긍정단어	발원문	보시	선행공덕	맞춤수행	생활명상

내 인생의 주인공은
바로 나 자신입니다

바깥을 바라보고 남을 따라가는 삶을 살다보면 한없이 작아지고 힘겹습니다. 이 시대는 특히 '나는 나대로 가치 있는 삶을 살겠다'는 결심이 필요하지요.

　　부처라 하더라도, 성인이라 하더라도 그는 타인일 뿐입니다. 그 가르침을 통해서, 그 자취를 통해서 오직 내 길을 가야 합니다. 불교는 부처를 믿는 종교가 아닙니다. 스스로 부처가 되는 길입니다.

　　《임제록臨濟錄》에 '수처작주 입처개진隨處作住 立處皆眞'이란 말이 있습니다. 즉, 언제 어디서나 주체적일 수 있으니 있는 곳 모두 참된 곳이라는 뜻입니다.

　　이 말은 어디서나 주인 노릇을 하라는 것입니다. 소도구로서, 부속품으로서 처신하지 말라는 것입니다. 어디서든지 주체적일 수 있다면 그곳이 곧 진리의 세계라는 뜻입니다. 연꽃은 진흙에서 자라지만 아름다운 꽃을 피웁니다. 상황을 불평하고 불만을 가질 게 아니라 내가 할 수 있는 일을 찾아낼 때 나만의 꽃을 피울 수 있습니다.

　　내 삶의 주인공은 나입니다. 아무도 내 인생을 대신해주지 않습니다. 내가 하는 행동, 내가 하는 말, 내가 하는 생각은 나의 미래가 됩니다.

아빠, 엄마, 남편, 아내, 직장인 등 지금 이 순간 맡은 배역, 지금 이 순간 내가 맡은 그 일을 피하지 않고, 어려워하지 않고 능히 해낼 때 나는 행복으로 나아갈 수 있습니다.

생활 명상 걷기명상 2: 내가 살고 싶은 삶

여기까지 오느라 수고한 자신에게 "잘했다"라고 칭찬해주세요.
마지막으로 지난 100일을 돌아보며 숲에서
홀로 걷기 명상하는 시간을 갖겠습니다.
100일 전과 후, 나는 어떻게 바뀌었는지 들여다봅니다.

92 DAY

오늘의 화두
고요

명상할 때 우리는 조용하고 잠잠한 상태인 '고요'를 경험합니다. 무조건 마음속에 꾹꾹 눌러 담아 아무것도 일어나지 않는 상태는 고요가 아닙니다. 고요는 마음의 평온함입니다. 마음속에서 일어났다가 가라앉고 휘몰아치듯 솟아났다가 사라지는 파도의 모든 과정을 지그시 바라보는 것입니다.

고요를 이루려면 '알아차림' 수행이 필요합니다. 순간순간 올라오는 생각과 감정을 알아차려야 바로 흘려보낼 수 있습니다. 흘러가는 생각과 감정이 내 것이라 집착하지 않을 때 우리는 자유로워지고 편안한 고요 상태에 이를 수 있습니다. 부처님은《법구경》에서 말씀하셨습니다.

몸이 고요하며
말이 고요하고
마음이 고요하며
마음을 잘 가라앉히고
세속적인 것들을 버린 비구는
참으로 '평화로운 사람'이라고 불리네.

세속적인 것들이란 바로 집착을 말합니다. 지금 이 순간, 내가 하는 생각, 말, 행동을 바라보며 알아차림 하십시오. 언제 어디서든지 잠시 눈을 감고 숨을 깊이 들이쉬고 내쉰 다음 내가 지금 무슨 생각을 하고 있는지, 내가 지금 무슨 말을 하고 있는지. 내가 지금 무슨 행동을 하고 있는지 바르게 보려고 노력하십시오. 거기에 고요가 깃들어 있습니다.

〜 붓다의 말

고요함을 밖에서 찾지 말고
자신의 안에서 찾으라.
-《숫타니파타》

〜 오늘 나의 마음 이야기

미 미안합니다 (오늘 하루 잘못한 일)

_____

_____

_____

고 고맙습니다 (오늘 하루 고마운 일)

_____

_____

_____

사 사랑합니다 (오늘 하루 나눈 사랑)

_____

_____

_____

CHECK LIST

정념수행	자비명상	108배	자비경	긍정단어	발원문	보시	선행공덕	맞춤수행	생활명상

93 DAY

공감

인생에서 모든 사람과 공감하며 살면 얼마나 좋을까요? 그렇지 못하기에 우리는 화내고 미워하고 원망하며 살아갑니다. 세상 모든 이들이 서로 공감하며 사는 길은 정말 없을까요?

불교에서는 이기심과 이타심으로 공감을 설명합니다. 신기하게도 이기심이나 이타심 모두 사람의 한마음에서 나온 것인데, 저마다 세상에 뿌리는 씨앗은 너무도 다릅니다. 흔히 우리는 이타심을 타인에게만 이로운 것으로 알고 있지만, 이타심은 곧 나에게 돌아옵니다. 우리 모두는 하나로 연결되어 있기 때문입니다. 남과 나를 구별하지 않는 자타불이自他不二의 진리를 깨달으면 이타심을 늘 흐르게 할 수 있습니다. 남을 위하는 마음을 일으킴으로써 나도 함께 살 수 있는 것입니다.

오늘부터 나는 모든 인연들과
둘이 아니라 하나임을 자각해봅시다.

상대방의 마음을 내 마음으로 이해해보고
상대방이 하고 싶은 말을 내 목소리로 말해보며
상대방이 아파하는 문제를 내 문제로 받아들여 아파해보는 겁니다.

공감은 상대와 내가 같아지는 것입니다. 생각에만 머물지 않고 내 일상에서 경험하며 익혀야 합니다. 오늘 만나는 모든 인연을 '나'라고 생각하고 공감의 명상을 해보십시오. 수행은 스스로 닦는 행입니다.

∼ 붓다의 말

다른 사람을 편안하게 해주는 일이
하찮게 보일지라도
그 과보는 아주 크다.
- 《법구경》

∼ 오늘 나의 마음 이야기

미 미안합니다 (오늘 하루 잘못한 일)

_____

_____

_____

고 고맙습니다 (오늘 하루 고마운 일)

_____

_____

_____

사 사랑합니다 (오늘 하루 나눈 사랑)

_____

_____

_____

CHECK LIST

정념수행	자비명상	108배	자비경	긍정단어	발원문	보시	선행공덕	맞춤수행	생활명상

94 DAY

꿈

'꿈'은 실현하고 싶은 희망이나 이상을 의미한다는 점에서 불교의 '발원'과 닮았습니다. 발원은 서원誓願이라고도 하는데, 목표를 세우고 기어코 그 목표를 달성하겠다는 서약적인 결의를 말합니다.

여러분은 어떤 꿈을 꾸고 있나요? 잠시 눈을 감고 숨을 깊이 들이쉬고 내쉰 다음, 자신에게 물어보세요. '살아 있는 동안 내가 이루고 싶은 꿈은? 내 심장을 두근거리게 하는 것은 무엇인가?' 꿈이 있다는 것은 중요합니다. 인생의 나침반이 되어 가야 할 방향을 일러주기 때문입니다.

우리는 종종 꿈과 욕심을 헷갈리곤 합니다. 무언가를 이루고 싶다고 바라는 마음에서 꿈과 욕심은 같습니다. 하지만 뿌리에서부터 큰 차이가 있습니다. 욕심에서 벗어나 진정한 발원을 헤아려보십시오.

발원과 같은 꿈은 어리석고 나쁜 마음을 모두 버리고
부처님처럼 크고 넓고 맑은 마음으로 살아가려는 다짐입니다.

꿈에는 부처님과 같은 마음이 필요하고
그때야 비로소 참다운 기쁨과 행복을 만날 수 있습니다.

부처님과 같이 자비로운 마음
부처님과 같이 지혜로운 마음
부처님과 같이 나와 남을 살리는 마음이 깃든
꿈이라면 최고의 꿈이겠지요!

∽ 붓다의 말

보살은 축생에게 한 술의 밥과 한 톨의 낟알을 줄 때에도 이렇게 발원한다.
'이들이 축생의 길에서 벗어나고 마침내 해탈할지이다.
고통의 바다를 건너 영원히 고통의 더미를 끊으며,
영원히 고통의 근본과 괴로운 곳을 모두 떠나게 할지이다.'
-《화엄경》

∽ 오늘 나의 마음 이야기

미 미안합니다 (오늘 하루 잘못한 일)

_____

_____

_____

고 고맙습니다 (오늘 하루 고마운 일)

_____

_____

_____

사 사랑합니다 (오늘 하루 나눈 사랑)

_____

_____

_____

CHECK LIST

정념수행	자비명상	108배	자비경	긍정단어	발원문	보시	선행공덕	맞춤수행	생활명상

95 DAY

오늘의 화두
나눔

'나눔'이 내 것을 베푼다는 뜻이 있어서인지, 돈이 많아야 나눌 수 있다고 생각하는 이들이 있습니다. 부처님은 재물이 없어도 나눌 수 있는 일곱 가지를 말씀하셨습니다.

> 첫째, 화안시和顏施 : 환한 얼굴로 상대를 편안하게 만든다.
>
> 둘째, 언시言施 : 칭찬과 격려 등 따뜻하고 진심 어린 말을 전한다.
>
> 셋째, 심시心施 : 마음의 눈으로 타인의 괴로움을 헤아려준다.
>
> 넷째, 안시眼施 : 상대를 온화하고 따뜻한 눈길로 바라본다
>
> 다섯째, 신시身施 : 내 노동력으로 보람된 일을 한다.
>
> 여섯째, 좌시座施로 : 앉은 자리를 내주어 양보한다
>
> 일곱째, 찰시察施 : 묻지 않고 상대의 마음을 헤아려 도와준다.

눈을 감고 숨을 깊이 들이쉬고 내쉽니다.
그리고 오늘 나눈 것들을 떠올려봅니다.

다른 사람에게 미소를 지은 적이 있었는지
따뜻한 말 한마디 건넨 적이 있었는지
상대의 마음을 살펴준 적이 있었는지

나눔이 된 나의 말, 행동을 헤아려봅니다

∾ 붓다의 말

나눔과 베풂을 행하고 바르게 법을 지키라.
친족에게 인정을 베풀고 비난받을 일을 하지 말라.
이것이 인간에게 최상의 행복이다.
-《법구경》

∾ 오늘 나의 마음 이야기

미 미안합니다 (오늘 하루 잘못한 일)

_____

_____

_____

고 고맙습니다 (오늘 하루 고마운 일)

_____

_____

_____

사 사랑합니다 (오늘 하루 나눈 사랑)

_____

_____

_____

CHECK LIST

정념수행	자비명상	108배	자비경	긍정단어	발원문	보시	선행공덕	맞춤수행	생활명상

96 DAY

오늘의 화두
다정

'다정'은 서로 간에 일어나는 좋은 마음입니다. 다정한 사이에는 무엇이 오고 갈까요? 미소 짓는 얼굴. 따뜻한 말 한마디, 배려하는 행동, 이해하는 마음 등 이루 다 말할 수 없습니다. 나와 너 사이가 소통함으로써 일어나는 기쁨과 행복의 표현입니다. 정이란, 사랑이나 친근을 느끼는 마음을 의미한다는데, 이러한 정이 많다니(多情) 얼마나 기쁘고 행복하겠습니까!

다정해지려면 보시의 씨앗이 필요합니다.
보시라고 어렵게 생각하지 마세요.

생각을 통해 전하는 자비로운 마음
입을 통해 전하는 따뜻한 말 한마디
행동을 통해 전하는 배려의 모습

내가 가진 것 중 가장 나답고 값진 것을 나누는 것이
바로 다정을 보시하는 것입니다.

오늘부터 만나는 사람들에게 '내가 가진 무엇을 나눌까?' 생각해보시기 바랍니다. 내가 먼저 웃을 때 웃음꽃이 피고 웃음꽃이 피어날 때 우리는 다정한 하나가 됩니다.

∾ 붓다의 말

보시와 사랑스러운 말을 즐기고
자비한 마음으로 모든 중생을 아끼고 염려하면
이러한 인연이 진실이 된다.

- 《제법집요경》

∾ 오늘 나의 마음 이야기

미 미안합니다 (오늘 하루 잘못한 일)

_____

_____

_____

고 고맙습니다 (오늘 하루 고마운 일)

_____

_____

_____

사 사랑합니다 (오늘 하루 나눈 사랑)

_____

_____

_____

CHECK LIST

정념수행	자비명상	108배	자비경	긍정단어	발원문	보시	선행공덕	맞춤수행	생활명상

97 DAY

오늘의 화두
생명

'생명'은 살아서 숨 쉬고 활동할 수 있게 하는 힘입니다. 살아 있음을 알아차리는 사람이 얼마나 있을까요? 이 생명과 몸이 있기에 지금 이 순간 살아 있고, 무엇이든 할 수 있습니다. 그러므로 더욱 우리는 빛나는 생명으로부터 탐욕과 성내는 마음을 낼지, 자비와 지혜의 마음을 낼지 잘 선택해야 합니다.

눈을 감고 숨을 깊이 들이쉬고 내쉽니다.
천천히 손을 들어 자신의 심장에 가져가 봅니다.
손바닥을 통해 전해오는 심장의 두근거림을 느껴보세요.
그리고 마음속으로 말해보세요.
'나는 지금 살아 있습니다.'

코를 통해 들어오고 나가는 들숨과 날숨에 집중해봅니다.
들이쉬는 숨 한 번에 생명이 있음을 느낍니다.
숨을 내쉬며 마음으로 말해봅니다.
'지금 이 순간 숨을 쉴 수 있음에 감사합니다.'

우리는 지금 '생명'에 대한 명상을 하고 있습니다. 오늘도 살아 있는 이 순간을 온전히 느끼며 어떤 씨앗을 심을 것인지, 성찰하는 하루 되시기를 바랍니다. 여전히 뛰고 있는 심장을 향해 감사함을 느낍니다.

～ 붓다의 말

하늘은 나의 아버지이고 땅은 나의 어머니이며, 나와 같은 미물조차 그 한가
운데서 은밀한 곳을 발견한다. 우주로 펼쳐진 그것이 나의 몸이고, 우주를 움
직이는 그것이 나의 본성이다. 모든 사람이 나의 형제자매요. 모든 것이 나의
벗이다.

-장재(張載, 중국 송나라 학자)

～ 오늘 나의 마음 이야기

미 미안합니다 (오늘 하루 잘못한 일)

_____

_____

_____

고 고맙습니다 (오늘 하루 고마운 일)

_____

_____

_____

사 사랑합니다 (오늘 하루 나눈 사랑)

_____

_____

_____

CHECK LIST

정념수행	자비명상	108배	자비경	긍정단어	발원문	보시	선행공덕	맞춤수행	생활명상

98 DAY

오늘의 화두
치유

부처님은 명상으로 깨달음을 얻었습니다. 세상의 고통을 해결하는 방법을 찾은 것이지요. 어떤 이가 부처님에게 수행을 통해 어떤 깨달음을 얻었냐고 묻자, 얻은 건 없고 오히려 잃었다고 답변하셨습니다. 분노와 걱정, 불안, 죽음에 대한 두려움을 잃어버렸다는 것입니다.

중생의 고품를 '해결(치유)'하기 위해 수행하신 부처님은 고통을 여의고 대자유를 얻으셨습니다. 진정한 치유란 이런 것입니다. 부처님처럼 모든 중생을 치유할 수 없지만, 매일의 수행을 통해 우리도 할 수 있습니다. 자신을 인정하고 받아들이며 사랑하는 것이야말로 최고의 수행입니다. 더불어 다른 사람도 나와 똑같이 그러함을 인정하고 이해하며 자비의 마음을 담아 안아주세요. 그 속에서 놀라운 치유가 일어납니다.

눈을 감고 숨을 깊이 들이쉬고 내쉽니다.
어떤 일이 나를 아프게 했는지 바라봅니다.
떠올리는 것만으로도 아프고 슬픈 감정이 느껴질 수 있습니다
'힘들었구나. 많이 아팠겠구나.' 이렇게 자신에게 이야기하고
상처받은 마음을 어루만져 주세요.

이제 내가 상처 준 사람을 떠올립니다.
마음으로 그 사람을 안아주며 이렇게 말해보세요.
'아프게 해서 미안합니다.
고통에서 벗어나 행복하기를 진심으로 바랍니다.'

〜 붓다의 말

　　마음속으로 자비, 이해, 사랑을 생각할 때
　　그 생각 속에는 이미 몸과 마음과 세상을
　　치유할 힘이 있습니다.
　　- 틱낫한

〜 오늘 나의 마음 이야기

(미) 미안합니다 (오늘 하루 잘못한 일)

_____

_____

_____

(고) 고맙습니다 (오늘 하루 고마운 일)

_____

_____

_____

(사) 사랑합니다 (오늘 하루 나눈 사랑)

_____

_____

_____

CHECK LIST

정념수행	자비명상	108배	자비경	긍정단어	발원문	보시	선행공덕	맞춤수행	생활명상

99 DAY

오늘의 화두
소통

'소통'이 쉽지 않은 것은 각자 마음대로 하고 싶은 욕구 때문입니다. 모두가 내 마음대로 한다면 소통은커녕 세상은 카오스 상태가 됩니다. 사람들이 서로를 원망하고 탓하느라 사회 자체가 존립할 수 없겠지요.

다들 아시는 이야기인데, 한 번 꺼내보겠습니다. 기다란 젓가락으로 밥을 먹어야 하는 상황은 극락이나 지옥이 모두 같습니다. 두 세계의 차이는 서로의 태도에 달려있습니다. 지옥에서는 기다란 젓가락으로 자기 먼저 먹겠다고 아우성을 치고, 극락에서는 똑같은 젓가락으로도 서로의 입에 넣어주니 모두가 배부르게 밥을 먹습니다. 이것이 바로 소통입니다.

눈을 감고 숨을 깊이 들이쉬고 내쉽니다.
그리고 생각해봅니다.

'나는 얼마나 소통이 잘 되는 사람인가?'
'상대방의 말, 생각, 행동을 내 기준으로 바라보고 있지는 않은가?'
'내 뜻만이 옳다고 고집해서 상대방을 내 마음대로 움직이려 하지 않았을까?'

소통은 막히지 않고 잘 통하는 것입니다. 나와 똑같이 상대를 바라보고 내가 원하는 만큼 상대를 위해주는 것입니다. 서로 통하지 않을 때 오해가 생깁니다. 오늘도 내 마음과 같이 상대방을 살피며 상대방에게 자비를 베푸는 생각과 말, 행동을 하도록 노력해보십시오.

∿ 붓다의 말

자비慈悲는 네 가지를 갖추어야 하나니
첫째, 자비로써 중생을 생각함이요
둘째, 중생에게 마치 어머니가 아들을 양육하듯 함이요
셋째, 중생을 극히 애처롭고 불쌍하게 여김이요
넷째, 중생을 내 몸과 다름없이 생각함이다.
-《불설연도속업경》

∿ 오늘 나의 마음 이야기

미 미안합니다 (오늘 하루 잘못한 일)

_____

_____

_____

고 고맙습니다 (오늘 하루 고마운 일)

_____

_____

_____

사 사랑합니다 (오늘 하루 나눈 사랑)

_____

_____

_____

CHECK LIST

정념수행	자비명상	108배	자비경	긍정단어	발원문	보시	선행공덕	맞춤수행	생활명상

100 DAY

오늘의 화두
환희

환희! 몸의 즐거움과 마음의 기쁨을 통틀어 이르는 말입니다. 자기 뜻에 알맞은 경계를 만났을 때의 기쁨, 죽어 극락왕생하는 것에 대한 기쁨, 불법佛法을 듣고 믿음을 얻어 느끼는 기쁨입니다. 보통 우리는 명상하거나 기도할 때 환희심 난다고 하지요.《화엄경》에서는 부처가 되는 수행의 첫 단계를 '환희지'라고 합니다. 번뇌를 끊고 마음 깊은 곳에서 기쁨을 느끼는 경지로, 진여의 이치를 깨달아 성인의 지위에 든 상태지요. 환희는 내 안에서 나오는 빛입니다. 내 안을 밝히고 나아가 내 주변을 밝히는 빛입니다.

　오늘도 명상의 시간을 통해 온전히 존재하는 나를 느끼고 나 자신에게 사랑과 자비의 마음을 보내도록 합니다.

　내 안이 환하게 빛날 때 그 빛이 주변을 자연스럽게 물들이고
　우리 안에 자비심이 가득 찰 때 그 환희로움이 주변으로 퍼져 나갑니다.
　한 송이 연꽃이 진흙 속에서 피어나고
　작은 촛불이 텅 빈 방을 밝게 비추듯
　매일 나 자신과 주변을 환희로 가득 채우는 날들 되길
　대자대비하신 부처님 전에 간절히 두 손 모아 발원합니다.

　당신은 자비입니다.
　당신은 지혜입니다.
　세상의 모든 당신이야말로
　자비와 지혜로 흘러넘치는 부처님입니다.

～ 붓다의 말

선행을 행하면, 두 곳에서 기뻐하니
이 세상에서도 기뻐하고
저 세상에서도 기뻐한다.
자신의 업의 청정함을 보고 기뻐하고 그리고 환희한다.
- 《법구경》

～ 오늘 나의 마음 이야기

미 미안합니다 (오늘 하루 잘못한 일)

_____

_____

_____

고 고맙습니다 (오늘 하루 고마운 일)

_____

_____

_____

사 사랑합니다 (오늘 하루 나눈 사랑)

_____

_____

_____

CHECK LIST

정념수행	자비명상	108배	자비경	긍정단어	발원문	보시	선행공덕	맞춤수행	생활명상

이렇게 살겠습니다

하나, 모든 생명을 함부로 해치거나 죽이지 않고 부처님으로 공
        경하며 저의 몸같이 아끼고 항상 자비의 마음으로 함께하
        겠습니다.

둘,   남의 물건을 훔치지 않고 남의 권리를 빼앗지 않으며 자비
        의 마음으로 모든 중생에게 공양하겠습니다.

셋,   삿되게 행동하지 않고 항상 몸과 마음을 청정하게 살도록
        하겠습니다.

넷,   어떤 상황에서든 거짓말하지 않으며 진실하게 살겠습니다.

다섯, 남을 속이지 않고 항상 바르게 살겠습니다.

여섯, 두 말로써 이간질하지 않고, 이쪽 말을 저쪽으로 옮기지 않
        으며 항상 대중을 화합시키겠습니다.

일곱, 나쁜 말로 남을 꾸짖거나 대하지 않고 항상 부드러운 말로
        대하겠습니다.

여덟, 모든 것이 인연에 따라 생겨남을 바로 알아 항상 탐심을 내
        지 않겠습니다.

아홉, 모든 경계에 동요하여 흔들리지 않으며 항상 한결같겠습
        니다.

열,   모든 불보살의 가르침을 따라 항상 무념, 무심, 무아의 대
        해탈 지혜로 살겠습니다.

나의 100일 회향 기도문

100일 수행을 마친 소감과
앞으로의 다짐을 적어보세요

마가 스님의
마음 레시피

|

지금 이 순간이다.

지금 이 순간 나는 무엇을 하고 있는지,
지금 이 순간 나는 무슨 말을 하고 있는지,
지금 이 순간 나는 어떤 생각을 하고 있는지,

지금 이 순간 깨어 있어야 한다.

지금 이 순간 내가 마음먹은 마음이
나의 미래가 됩니다

8가지 마음 보양탕

마음일출탕

하루를 시작할 때

재료 : 가족, 기쁨, 소신, 균형, 대화, 명상, 화합

마음공양탕

밥 먹을 때

재료 : 열정, 쾌활, 긍정, 조화, 고요, 경청, 치유

마음보행탕

걸을 때

재료 : 건강, 풍요, 믿음, 사랑, 정의, 지혜, 통찰

마음운전탕

운전할 때

재료 : 생명, 칭찬, 희망, 용서, 평화, 소통, 마주봄

마음경청탕

대화할 때

재료 : 실천, 어울림, 미소, 친절, 배려, 내려놓음, 만족

마음화해탕

화가 날 때

재료 : 도전, 용기, 자존, 나눔, 화목, 자유, 행복

마음안정탕

생각이 많을 때

재료 : 정진, 성공, 성실, 감사, 절제, 수용, 환희

마음취침탕

잠자리에 들 때

재료 : 가족, 쾌활, 믿음, 용서, 배려, 자유, 환희

행복
명상

오늘이란 흐름 속에 함께하는 이 자리가 행복합니다.
사물들을 볼 줄 아는 보배로운 눈이 있어 행복합니다.
향기로운 꽃향기를 맡을 수 있는 코가 있어 행복합니다.
이 세상과 소통하며 살 수 있는 귀가 있어 행복합니다.
시고 단 맛을 알아 기쁨 주는 혀가 있어 행복합니다.
마음을 표현할 수 있는 언어를 쓸 수 있어 행복합니다.
마음을 담을 수 있는 육신이 존재하여 행복합니다.
마음 작용을 할 수 있는 감각들이 살아 있어 행복합니다.
맑고 밝게 활짝 웃는 순수함을 갖고 있어서 행복합니다.
웃음으로 사랑을 전달하는 아름다움이 있어 행복합니다.
느낌으로 일어난 것은 일시적임을 알게 되어 행복합니다.
감사하고 만족하는 마음을 갖고 있어 행복합니다.
자기 삶에 충실함이 널리 이익됨을 알아 행복합니다.
지혜롭게 살아가는 가르침을 배우게 되어 행복합니다.
몸과 마음은 수시로 변한다는 것을 알게 되어 행복합니다.
모든 것은 변한다는 참된 진리를 알게 되어 행복합니다.
지금 일어나는 것을 아는 것이 지혜임을 알아 행복합니다.
무지에서 벗어나는 마음공부를 할 수 있어 행복합니다.
매 순간을 자각하는 것이 수행임을 알게 되어 행복합니다.
자신의 참모습을 알게 되는 이 시간이 더욱 행복합니다.

마음일출탕

재료 : 가족, 기쁨, 소신, 균형, 대화, 명상, 화합(7번 독송)

① 아침에 깨어나면 누운 채로 세 번 심호흡하며
아! 감사하게도 간밤에 죽지 않고 깨어났구나!

② 손으로 머리에서 발끝까지 어루만지며
고마워! 오늘 하루 멋지게 살아보자!

③ 천천히 눈을 뜨고 몸을 일으켜 두 팔로 자신을 껴안고 토닥이며
오늘 하루 나 자신과 만나는 사람들에게 더욱 친절하고
자비를 베풀겠습니다.

④ 거울을 보며
오늘 하루 순간순간 자신을 알아차림 하고,
지금 이 순간을 바라보며 자신의 말과 생각,
행동을 살펴보겠습니다.

마음공양탕

재료 : 열정, 쾌활, 긍정, 조화, 고요, 경청, 치유(7번 독송)

① 식사를 시작하며

이 음식이 어디에서 왔나,
내 덕행으로 받기 부끄럽네.
마음에 온갖 욕심 버리고
몸을 지탱하는 약으로 알아,
지혜와 자비를 나누고자
이 음식을 받습니다.
마하반야바라밀

② 식사를 마치며

향기를 맡고 맛볼 수 있어서 감사합니다.
살아있음의 기쁨을 느끼며
모든 존재를 평등하게 사랑하는
마음을 수행하겠습니다.

③ 그릇을 씻으며

그릇을 씻으니
나의 마음도 깨끗해집니다.
남은 하루 내가 만나는 모든 것을
공감의 눈으로 바라보겠습니다.

마음보행탕

재료 : 건강, 풍요, 믿음, 사랑, 정의, 지혜, 통찰(7번 독송)

① 출발하며

다리야, 안녕.

나랑 함께 여행 가자.

잘 부탁해!

② 걸으며

걸음과 내가 온전히 하나가 됨을 느낍니다.

(뒷꿈치를 땅에 딛으며)

나무

(앞꿈치가 땅에 닿을 때)

아미

(반대 쪽 발을 들며)

타불

③ 도착하면

다리야, 고마워.

덕분에 사고 없이 목적지에 잘 왔다.

푹 쉬어!

마음운전탕

재료 : 생명, 칭찬, 희망, 용서, 평화, 소통, 마주봄(7번 독송)

① 시동을 걸며
자동차야, 안녕.
나랑 함께 여행 가자.
잘 부탁해!

② 운전하며
온전히 차와 내가 하나가 됨을 느낍니다.
나의 안전한 운전을 통해
모든 존재가 행복하기를 바랍니다.
온 마음을 다해 운전하는
지금 이 순간에 머뭅니다.

③ 시동을 끄며
자동차야, 고마워.
덕분에 사고 없이 목적지에 잘 왔다.
푹 쉬어!

마음경청탕

재료 : 실천, 어울림, 미소, 친절, 배려, 내려놓음, 만족(7번 독송)

① 대화를 시작하며
지금 만나는 사람에게
정성을 다하겠습니다.
열린 마음으로 듣고
사랑이 담긴 말을 하겠습니다.

② 상대방의 말을 듣기 시작하며
저에게는
지금 당신의 마음이 어떤지 알고 싶은
순수한 호기심이 있습니다.
온 마음을 다해 당신의 마음에
귀를 기울이겠습니다.

③ 말을 시작하며
나는 내가 나누고 싶은
나의 마음을 알아차립니다.
향기롭고 따듯한 말을 나누는
매화꽃 같은 사람이 되겠습니다.

마음화해탕

재료 : 도전, 용기, 자존, 나눔, 화목, 자유, 행복(7번 독송)

① 자세잡기

평안하고 이완된 자세로 앉습니다.
척추와 목은 일직선이 되도록 자세를 가다듬고
어깨와 팔, 다리의 긴장은 툭 내려놓습니다.
눈동자 깊숙한 곳까지 부드럽게 이완합니다.
들이쉬고 내쉬는 호흡을 가만히 들여다봅니다.

② 단전에 집중하기

들숨 때 부풀어 오르고
날숨에 꺼지는 배에
온 마음을 집중해 봅니다.
복부에 집중하면서 깊숙이 호흡해 봅니다.
일어나는 생각은 잠깐 멈추고,
그저 호흡에 집중해 보세요.

나무를 떠올려 봅니다.
폭풍 속의 나뭇가지들은
이리저리 흔들리다 꺾이거나 부러지지만
땅속 깊이 뿌리를 내린 나무의 몸통은
안정적이고 견고합니다.
부정적인 감정의 폭풍이 몰아치면
안전한 몸통으로 내려옵니다.

나무의 뿌리는 당신의 배,
배꼽에서 손가락 세 마디 아래 단전에 있습니다.
단전에 마음을 두고 깊이 호흡합니다.
어떠한 생각도 하지 않고,
오로지 마음을 이 부분으로 모아 봅니다.

이제 당신은 감정의 폭풍이 몰아쳐도
안전할 수 있는 의지처를 얻었습니다.
다시 바람이 몰아치면
언제든지 다시 단전으로 돌아와
호흡에 마음을 모으기만 하면 됩니다.

③ 안정으로 돌아오기
    호흡과 함께할수록
    몸과 마음이 점점 안정됩니다.
    몸과 마음이 안정될수록
    자신감이 생깁니다.
    이제는 감정의 폭풍이 더 이상
    두렵지 않습니다.

마음안정탕

재료 : 정진, 성공, 성실, 감사, 절제, 수용, 환희(7번 독송)

① 자세잡기

평안하고 이완된 자세로 앉습니다.

척추와 목은 일직선이 되도록 자세를 가다듬고

어깨와 팔, 다리의 긴장은 툭 내려놓습니다.

눈동자 깊숙한 곳까지 부드럽게 이완합니다.

들이쉬고 내쉬는 호흡을 편안히 들여다봅니다.

② 호흡 들여다보기

숨을 들이쉬며 들어오는 숨을 알아차리고

숨을 내쉬며 나가는 숨을 알아차립니다.

숨을 들이쉬며 온 마음을 다해 숨을 들이쉬고

숨을 내쉬며 온 마음을 다해 숨을 내쉽니다.

숨을 들이쉬며 몸의 긴장한 곳이 있으면 긴장한 곳을 알아차리고

숨을 내쉬며 몸의 긴장을 부드럽게 이완해줍니다.

숨을 들이쉬며 온몸에 세포들의 감각을 조심스럽게 일깨워 줍니다.

숨을 내쉬며 몸 안에서 일어나는 여러 가지 감각들에 가만히 귀를

기울여봅니다.

숨을 들이쉬며 배가 불러옴을 느껴보고

숨을 내쉬며 배가 꺼짐을 느껴보고

온전히 나의 몸의 감각이 깨어 있으면
지금 이 순간 진정 현존할 수 있습니다.

지금 이 순간에 머무는 것만으로
마음이 고요해지고 기분이 좋아집니다.

③ 현존을 즐기기
숨을 들이쉬고 내쉬며
매 순간순간 살아 있음이라는
경이로운 기적을 느껴 보세요.
부드럽고 따뜻하게 나 자신을 돌봐 주세요.
부드럽고 이완된 호흡에 머물며
평안하고 고요한 이 시간을 충분히 즐겨 봅니다.

마음취침탕

재료 : 가족, 쾌활, 믿음, 용서, 배려, 자유, 환희(7번 독송)

① 하루 일과를 마친 후 잠자리에 들기 전
　잠시 바닥에 앉아서 숨을 고르면서
　오늘 하루를 천천히 되돌아봅니다.
　오늘 하루 나는 내 자신과 남에게
　어떻게 대했는지 떠올려 봅니다.
　어떤 말, 어떤 생각, 어떤 행동으로
　하루를 살았는지 살펴봅니다.

② 미고사
　미안한 일이 떠오른다면
　숨을 고르고 합장을 한 후,
　그 상황과 그 대상을 떠올리며 마음을 전합니다.
　다시금 오늘 하루를 떠올리면서
　고마운 일, 사랑을 더 베풀 일을 떠올려 봅니다.

③ 합장하며
　오늘 만난 모든 이들이
　고통에서 벗어나 행복하기를 바랍니다.

④ 이불을 덮으면서
　내 인생의 오늘 하루를 마치고 있음을 느끼면서
　다가올 내일은

326

지혜롭기를 기도합니다.

⑤ 누워서 두 손을 배 위에 올려놓고
들숨 날숨을 느끼며
잠드는 순간까지 마음속으로
나무아미타불을 염송하며 잠듭니다.

하루 15분, 삶을 바꾸는
좋은 씨앗 심기

마가 스님의
100일 명상

ⓒ 마가, 2021

2021년   8월 18일 초판 1쇄 발행
2023년 12월 13일 초판 3쇄 발행

지은이 마가
발행인 박상근(至泓) • 편집인 류지호 • 상무이사 김상기 • 편집이사 양동민
편집 김재호, 양민호, 김소영, 최호승, 하다해 • 디자인 쿠담디자인
제작 김명환 • 마케팅 김대현, 이선호 • 관리 윤정안
콘텐츠국 유권준, 정승채, 김희준
펴낸 곳 불광출판사 (03169) 서울시 종로구 사직로10길 17 인왕빌딩 301호
      대표전화 02) 420-3200 편집부 02) 420-3300 팩시밀리 02) 420-3400
      출판등록 제300-2009-130호(1979. 10. 10.)

ISBN 978-89-7479-934-2 (03220)
값 16,000원

괜찮아 1636

BBS 불교방송 101.9MHz

마가스님의
그래도 괜찮아

매주 월~목 오전 10시~11시

답답할 때
1636 전화 연결 후
"그래도 괜찮아"
말씀해보세요!

홍은2동 188-16
(연희로 41라길 30) 현성정사

굴암사 100일 명상 수행 안내

온라인 모임

- **유튜브** : 스마트 법당 미고사 www.migosa.net
- **네이버 밴드** : 마가스님의 그래도 괜찮아 band.us/band/65856959
  스마트 법당 미고사 band.us/@jabi

오프라인 모임

- **시간** : 매주 주말 토~일 1박 2일 (예정)
- **장소** : 굴암사 (경기도 안성시 대덕면 굴암길 46)
- **문의** : 02-3666-0260